Tables des Catalogues
Contenus dans ce volume

CATALOGUE,

PAR ORDRE ALPHABÉTIQUE,

DES LIVRES

DE FONDS ET D'ASSORTIMENS

QUI SE TROUVENT

Chez LE JAY, Libraire, rue Saint-Jacques,
au-dessus de celle des Mathurins,
au Grand Corneille,

A PARIS.

1774.

CATALOGUE,

PAR ORDRE ALPHABÉTIQUE,

DES LIVRES

DE FONDS ET D'ASSORTIMENS

QUI SE TROUVENT

Chez LE JAY, Libraire.

A.

* ABRÉGÉ Chronologique de l'Histoire de France,
par M. le Président Henault, 2 *vol. in-4.*   42 l.

* ——— Le même, 3 *vol. in-8.*   15 l.

* Américaines, (les) ou la preuve de la Religion Chrétienne par les lumières naturelles, par Madame le
Prince de Beaumont, 6 *vol. in-12. rel.*   12 l.

Amours de Cherale & d'Isinene, (les) suivies du Bon
Génie, brochure *in-12.*   1 l.

Amours de Lucile & de Doligny, (les) 2 *part. in-12.*
broché.   2 l. 8 s.

* Amours d'Ovide, (les) en vers François, 1 *vol. in-12.* 2 l.

* Amusemens de la Campagne, ou nouvelles ruses innocentes qui enseignent la manière de prendre aux piéges
toutes sortes d'oiseaux & de bêtes à quatre pieds,
avec les plus beaux secrets de la pêche, dans les
rivieres & étangs. 2 *vol. in-12.*   5 l.

Amusemens curieux & divertissans propres à égayer l'esprit, ou fleurs de bons mots, Contes à rire, valeur héroïque, &c. 2 *part. in-12*, broché,   2 l. 8 s.

[4]

Analyse & Questions de Droit Public. 1 *vol. in-8. petit pap.*
2 l.

Apologie de la Reine Anne d'Angleterre, où l'on examine la conduite de ses Ministres pendant la guerre
de la succession d'Espagne, &c. traduite du Docteur
Swift, 1 *vol. in-12.* 1 l. 10 f.

* Architecture pratique, qui comprend la construction
générale & particuliere des Bâtimens, &c. par M. Bullet, 1 *vol. in-8.* 6 l.

Argilan, ou le Fanatisme des Croisades, Tragédie
en cinq actes en vers, par M. Fontaines, *in 8.* fig.
2 l. 8 f.

* Art (l') de se traiter & de se guérir soi-même dans les
Maladies Vénériennes, 1 *vol. in-8.* 9 l.

Art (l') du Maçon Piseur, par M. Goiffon, des Académies
de Lyon & de Metz, extrait du Journal de Physique
de M. l'Abbé Rozier. br. *in-12.* 15 f.

Aveugle de Palmyre, (l') Comédie Pastorale en deux
actes, mêlée d'ariettes, par M. Desfontaines, *in-8.*
1 l. 4 f.

B.

* Bachelier (le) de Salamanque, par M. le Sage, 3 *vol.
in-12.* fig. 6 l.

Bergere des Alpes (la) Comédie en deux actes en vers
par M. Desfontaines, *in-8.* 1 l. 4 f.

Bibliothéque (nouvelle) de Campagne, ou Choix des
Episodes les plus intéressans & les plus curieux, tirés
de tous les meilleurs Ouvrages, tant Romans, Poëmes,
Histoires, &c. anciens & nouveaux, 8 *vol. in-12.*
20 l.

Bibliotheque d'un Homme de Goût, où Avis sur le
choix des meilleurs livres écrits en notre langue sur
tous les genres de Science & de Littérature, avec
les jugemens que les Critiques les plus impartiaux
ont porté sur les bons Ouvrages qui ont paru depuis
le renouvellement des Lettres jusqu'en 1772. 2 *vol.
in-12.* petit pap. 5 l.

* Bibliotheque du Théâtre François, depuis son origine,
contenant un extrait de tous les Ouvrages composés

pour ce Théâtre depuis les mystères, &c. jusqu'à présent, 3 *vol. in-8.* belles fig. 15 l.

Bon Fermier, (le) ou l'ami des Laboureurs, seconde édition, 1 *vol. in-12.* 2 l. 10 s.

* Bon Fils (le), ou les Mémoires du Marquis de Samarandes, 4 part. *in-12.* 4 l. 16 l.

C.

* CARACTERES de Théophraste & de la Bruyere, 2 *vol. in-12.* 6 l.

—— Les mêmes, 2 *vol. in-12.* petit pap. 5 l.

* Chefs d'œuvres (les) de M. de Sauvages, ou Recueil de Dissertations qui ont remporté le prix dans différentes Académies, auxquels on a joint la Nourrice marâtre, du Chevalier l'aîné, 2 *vol. in-12.* 5 l.

Choix de Contes & de Poësies erses, 2 *part. in-12.* 2 l. 8 s.

Chronologiste, (le) Manuel pour servir d'introduction au Géographe manuel, dans lequel on trouve les principales époques de l'Histoire de chaque Peuple ; la succession des Patriarches, Juges & Rois Hébreux, de tous les Souverains des grandes & petites Monarchies de l'antiquité, des Empereurs Romains, &c. des Papes, des Monarques de l'Histoire Moderne, &c. 1 *vol.* du même format que le Géographe Manuel. 2 l. 10 s.

Commentaires & Mémoires de Messire *Blaise* de Montluc, Maréchal de France, 4 *vol. in-12.* 10 l.

Commentaires sur les Mémoires de Montecuculi, Généralissime des Armées de l'Empereur, par M. le Comte Turpin de Crissé, Maréchal des Camps & Armées du Roi, 3 *vol. in-4.* avec un très-grand nombre de Planches. 42 l.

* Compendiosæ institutiones Theologicæ ad usum Seminarii Pictaviensis, (Théologie de Poitiers) 4 *vol. in-12.* 12 l.

* Comptes faits (les) par Barrême, 1 *vol. in-12.* 2 l. 10 s.

* —— Les mêmes, en petit. 1 l. 10 s.

Confession du Comte de **, 2 *part. in-12.* br. 2 l. 8 s.

Contes des Fées par Madame d'Aunoy, nouv. édition, 4 *vol. in-12.* rel. 10 l.

Contes Moraux, par Madame le Prince de Beaumont, 2 *vol. in*-12. *br.*   2 l. 8 f.

* Contes Philofophiques & Moraux, par M. de la Dixmerie, 3 *vol. in*-12.   7 l. 10 f.

Contes Moraux , par M. Mercier, 2 *part. in*-12. fig.
                                                   3 l. 12 f.

* *Idem.* de M. Marmontel, 3 vol. *in*-12. br.   6 l.

Coutume de Lorris, Montargis, Saint-Fargeau, Châtillon-fur-Loing , Sancerre & autres lieux régis & gouvernés par lefdites Coutumes, &c. nouvelle édition 1771 , 2 *vol. in*-12. *trés-forts.*   7. 10 f.

Curiofités de Paris, de Verfailles, Marly, Vincennes, Saint Cloud, &c. & des environs, avec le nouveau voyage de France, nouvelle édition, 1771 , 3 *vol. in*-12. rel.   9 l.

D.

Danse (la) ancienne & moderne, ou Traité Hiftorique de la Danfe , par M. de Cahufac, 3 *vol. in*-12. petit pap   6 l.

* Daphnis & le premier Navigateur, Poëmes de M. Gefner, 1 *vol.* br.   1 l. 16 f.

* Deux Amis (les) , ou le Comte de Meralbi , par M. Sellier de Moranville, 4 vol.   5 l.

Dictionnaire (nouveau) Hiftorique, ou Hiftoire abrégée de tous les Hommes qui fe font fait un nom par le génie, les talens, les Vertus, les erreurs, &c. depuis le commencement du monde jufqu'à nos jours, avec des Tables Chronologiques pour réduire en corps d'Hiftoire les articles répandus dans cet Ouvrage, 6 *vol. in*-8.   36 l.

Idem Tome V. fervant de fuplément aux éditions faites précédemment en 4 *vol. in*-8. fous le titre d'Amfterdam, & dans leqel font inférés tous les articles nouveaux qui fe trouvent répandus dans la nouvelle édition ci-deffus , *in*-8. br.   5 L.

Dictionnaire François, Latin & Italien, par Antonini, nouvelle édition, augmentée, 1770 , 2 *vol. in*-4. 30 l.

* —— Italien François, par Veneroni, 1 *vol. in*-4. 15 l.

Dictionnaire (nouveau) François-Italien , & Italien
François., compofé fur les meilleurs Dictionnaires de
ces deux langues , enrichî de tous les termes propres
des Sciences & des Arts , ouvrage utile & même indif-
penfable à tous ceux qui veulent traduire ou lire les
ouvrages de l'une & l'autre langue , pa M. l'Abbé
Alberti , 2 *vol.* in-4.   36 l.
* Dictionnaire Anglais & François, de Boyer, 2 *vol.*
in-4.   36 l.
*———— Le même, 2 *vol.* in-8.   15 l.
* Dictionnarium Univerfale Latino-Gallicum (de Boudot)
1 *vol.* in-8.   5 l. 10 f.
Dictionnaire Poëtique portaif , qui contient l'Hiftoire
fabuleufe des Dieux & des Héros de l'Antiquité
Payenne , Ouvrage utile & néceffaire pour l'intelligence des Poëtes , &c. 1 *vol.* in-8.   4 l. 10 f.
* Dictionnaire portatif de Commerce , contenant la
connoiffance des Marchandifes de tous les Pays , ou
les principaux & nouveaux articles concernant le
Commerce & l'Economie, les Arts, les Manufactures,
les Fabriques , la Minéralogie , les Drogues , les
Plantes , &c. 4 *vol.* in-8.   24 l.
* Dictionnaire (nouveau) Univerfel & raifonné de Médecine, de Chirurgie & de l'art Vétérinaire , contenant des connoiffances étendues fur toutes ces parties, & particulierement des détails exacts & précis
fur les plantes ufuelles , &c. par une Société de Mé-
decins , 6 *vol.* in-8. petit pap.   24 l.
* Dictionnaire de Chirurgie , 2 *vol.* in-8. petit pap. 9 l.
Dictionnaire Vétérinaire , & des Animaux Domefti-
ques , contenant leurs mœurs , leurs caracteres , &c.
par M. Buchoz, 1 *vol.* in-8. fig. br. en carton , 24 l. 4 f.
*———— Des Gens du Monde, Hiftorique, Littéraire, Cri-
tique , Moral , Phyfique , Militaire , Politique , &c.
5 *vol.* in-8.   20 l.
*———— Social & Patriotique , ou Précis raifonné des con-
noiffances relatives à l'économie morale , civile &
politique , contenant des traits hiftoriques , moraux
& patriotiques , 1 *vol.* in-8.   5 l.
*———— Théorique & pratique de Chaffe & de Pêche,

A iv

[8]

contenant les noms, caractères & mœurs des animaux des deux continens. La maniere de les tuer & de s'en rendre maître ; des instructions pour la connoissance & cure des chevaux & chiens propres à la chasse, & des oiseaux de proie, & généralement pour tout ce qui concerne la Chasse & la Pêche, 2 *vol. in*-8. 9 l.

—— Des Mœurs, Usages & Coutumes Civiles, Militaires & Politiques, & des Cérémonies & pratiques religieuses & superstitieuses, tant anciennes que modernes, des Peuples des quatre parties du monde, 4 *vol. in*-8. rel. 24 l.

Dictionnaire Anti-Philosophique, 1 *vol. in*-8. 5 l.

*Diable Boiteux, (le) par M. le Sage, 3 *vol. in*-12. petit pap. fig. 6 l.

Diable (le) Amoureux, nouvelle Espagnole, fig. grotesques 2 l. 8 s.

Discours : combien le Génie de Grands Ecrivains influe sur l'esprit de leur siécle, couronné à l'Académie de Marseille, suivi de la grandeur de l'Homme, Ode couronnée à l'Académie des Jeux Floraux ; par M. de Chamfort, *in*-8. br. 15 s.

Discours Moraux, couronnés dans les Académies de Montauban & de Besançon en 1766 & 1767 sur ces trois questions ? —— Est-il utile à la Société que le cœur de l'homme soit un mystère ? —— Il importe autant aux Nations qu'aux Particuliers d'avoir une bonne réputation. —— Combien le courage d'esprit est nécessaire dans tous les états ; suivis d'un Eloge de Charles V. par M. le Tourneur, 1 *vol. in*-8. br. 1 l. 16 s.

*Discours sur le danger de la lecture des livres contre la Religion, par rapport à la société ; *in*-8. 12 s.

Discours prononcé par M. le Président de Montesquieu, à la rentrée du Parlement de Bordeaux le jour de Saint Martin 1725 12 s.

Dona Gratia d'Ataïde, Comtesse de Ménézès, Histoire Portugaise, 1 *vol. in*-8. br. 2 l.

*Doyen (le) de Killerine, nouvelle édition, 6 part. rel. en 3 *vol. in*-12. fig. 9 l.

E.

EDUCATION (l') de l'Amour, 2 part. *in-12.* broché. 2 l. 8 f.

Les Effets des Paſſions, ou les Mémoires de M. de Floricourt, par M. de Fontanelles, 3 vol. *in-12.* br. 4 l.

Les Egaremens du Cœur & de l'Eſprit, par M. de Crebillon, 3 part. *in-12.* 3 l. 12 f.

Élégies de Properce, traduites en François, par M. de Longchamps, avec le texte Latin à côté, 1 vol. *in-8.* belle édition. 7 l. 4. f.

* Élémens de l'Hiſtoire de France, par M. l'Abbé Millot, 3 vol. *in-12.* 9 l.

* — d'Angleterre, par le même, 3 vol. *in-12.* 9 l.

Elève de la Nature, nouvelle édition, 3 vol. *in-12.* 6 l.

Elite de Poëſies fugitives, nouvelle édition, 5 vol. *in-12.* 12 l. 10 f.

Eloge de Henri IV. par M. Gaillard, de l'Académie Françoiſe, qui a remporté le prix à l'Academie de Marſeille en 1768. *in-8.* 1 l. 4 f.

Eloge de Henri IV. par M. de la Harpe, qui a concouru pour le même prix, *in-8.* fig. 1 l. 4 f.

Entretiens d'une Ame Pénitente avec ſon Créateur, mêlés de Réflexions & Prieres relatives aux divers événemens de la vie, dédiés à la Reine & à Madame Louiſe, 3 vol. *in-12.* rel. 7 l. 10 f.

Epoux malheureux (les), ou Hiſtoire de Monſieur & Madame de la Bedoyere, 4 part. *in-12.* 4 l.

Erreurs de M. de Voltaire, ſixieme édition conſidérablement augmentée, 2 vol. *in-12.* 6 l.

* Eſpion Turc (l') dans les Cours des Princes Chrétiens, nouvelle édition, 9 vol. *in-12.* 22 l. 10 f.

Eſprit des Poéſies de M. de la Motte, avec quelques notes, &c. 1 vol. *in-12.* petit pap. 2 l.

* Eſprit de la Ligue (l'), 3 vol. in-12. 7 l. 10 f.

* Eſſais de Michel de Montaigne, avec les notes de M. Coſte. *Edition de Londres*, 3 vol. *in-4°.* rel. 60 l.

* Les mêmes 10 vol. *in-12.* petit pap. 20 l.

* Eſſai ſur l'Hiſtoire Univerſelle, par M. de Voltaire, 8 vol. *in-8.* 32 l.

*Essais Historiques sur l'Inde , par M. de la Flotte , 1 vol.
in-12. 3 l.

Essai Historique sur la Chasse , dans lequel on trouve
des remarques curieuses & utiles sur les anciennes
Chasses , tant étrangeres que nationales. Les regle-
mens anciens & modernes qui ont été faits sur cet
objet , & un précis sur les entrées du gibier dans
Paris. 1 l. 16 s.

Essai sur le Feu Sacré & sur les Vestales avec la piece ,
in-8. 2 l.

Etat de l'Eglise & de la Puissance légitime du Pontife
Romain , 2 vol. *in*-12. 5 l.

Etrennes (les) de l'Amour , Comédie en un acte en
prose , par M. Cailhava , *in*-8. 1 l. 4 s.

F.

Fables de la Fontaine , 2 vol. *in*-12. fig. 8 l.
—— Les mémes , 1 vol. *in*-12. petit pap. 3 l.
Idem , *in*-12. grand papier , 3 l.
Fastes (les) de la grande Bretagne , contenant l'Histoire
des trois Royaumes d'Angleterre , d'Ecosse & d'Irlande ,
2 vol. *in*-8. 9 l.
Fastes (les) de la Pologne & de la Russie , contenant
l'Histoire de ces deux Empires depuis leur établissement , 2 vol. *in*-8. 9 l.
Forma Cleri , secundum exemplar quod Ecclesiæ Sanctis-
que Patribus à Christo Domino Summo sacerdote mons-
tratum est; Operâ & studio Ludovici Tronson quondam
superioris Seminarii Sancti Sulpicis. Editio nova, 3 vol.
in-12. 9 l.

G.

*Géographe (le) Manuel , par M. l'Abbé Expilly ,
1 vol. 2 l. 10 s.
Géographie (Méthode pour apprendre la) dédiée à
Mademoiselle Crozat , 1 vol. *in*-12. avec cartes , 3 l.
* Géographie moderne , par M. l'Abbé Nicole de la
Croix , nouvelle édition , 2 vol. *in*-12. 6 l.

Goût (le) de bien des Gens, ou Recueil de Contes, tant en vers qu'en profe, 3 vol. *in-12.* br.   6 l.

* Grammaire Françoife de Reftaut, 1 vol. *in-12.*   3 l.

* —— Italienne, d'Antonini, 1 vol. *in-12.*   2 l. 10 f.

* —— Efpagnole, de Sobrino, 1 vol. *in-12.*   2 l. 10 f.

* —— Angloife de Boyer, 1 vol. *in-12.*   2 l. 10 f.

Guide du Fermier, contenant toutes les matieres dont un Fermier doit être inftruit, & de toutes les chofes qui lui font néceffaires, 1 vol. *in-12.* rel.   3 l.

* Guide des Négocians & teneurs de livres, 1 vol. *in-12.*   2 l. 10 f.

H.

Heureuse Pêche (l'), Comédie pour les Ombres à fcènes changeantes, en un acte, en profe.   1 l. 4 f.

* Hiftoire de France, par M. l'Abbé Velly, continuée par Meffieurs Villaret & Garnier, 24 vol. *in-12.*   72 l.

Hiftoire nouvelle & impartiale d'Angleterre, depuis l'invafion de Jules Céfar jufqu'à nos jours, traduite de l'Anglois de Barow, 15 vol. *in-12.*   45 l.

Hiftoire Civile & naturelle du Royaume de Siam, & des révolutions qui ont boulverfé cet Empire jufqu'en 1770, par M. Turpin, 2 vol. *in-12.* rel.   6 l.

* Hiftoire des Rèvolutions de la République Romaine, par l'Abbé de Vertot, 3 vol. *in-12.*   7 l. 10 f.

* —— De Suéde, 2 vol. *in-12.*   5 l.

* —— De Portugal, 1 vol. *in-12.*   2 l. 10 f.

Hiftoire de la Religion & des Chevaliers de l'Ordre de Malthe, par M. l'Abbé de Vertot, 7 vol. *in-12.* 17 l. 10 f.

* Hiftoire des Celtes, par M. Peloutier, continuée par M. de Chiniac, 2 vol. *in-4.*   24 l.

* La même, 8 vol. *in-12.* rel.   24 l.

* Hiftoire Univerfelle, par M. Boffuet, Evêque de Meaux, 2 vol. *in-12.*   5 l.

Hiftoire de Henry IV. par Perefixe, 1 vol. *in-12.* rel.   3 l.

* Hiftoire du Prince Eugene de Savoye, Généraliffime des Armées de l'Empereur & de l'Empire, enrichie de figures en taille douce, 5 vol. *in-12.*   15 l.

Histoire des différens Peuples du Monde, contenant les Cérémonies Religieuses & Civiles, l'Origine des Religions, &c. 6 vol. *in-8.*   30 l.

* Histoire naturelle, par M. de Buffon, 13 vol. *in-12.* 39 l.

Histoire des Maladies de Saint Domingue, suivie d'une Pharmacopée, par feu M. Pouppé Desportes, Médecin du Roi à Saint Domingue ; & Correspondant de l'Académie des Sciences, 3 vol. *in-12.*   7 l. 10 s.

* Histoire de Don-Quichotte, 6 vol. *in-12.*   15 l.

Histoire de Gilblas de Santillane, par M. le Sage, 4 vol. *in-12.* fig. nouvelle édition, rel.   10 l.

* Histoire Littéraire des Femmes Françoises, 5 vol. *in-8.*   25 l.

* Histoire de Miss Clarisse Harlove, par M. l'Abbé Prevost, 13 part. *in-12.* en 6 vol.   24 l.

*   Du Chevalier Grandisson, par le même, 4 vol. *in-12.*   14 l.

* Histoire d'Estevanille Gonzalez, surnommé le Garçon de bonne Humeur, tirée de l'Espagnol, par M. le Sage, 2 vol. *in 12.*   5 l.

Histoire de la Comtesse des Barres, 1 vol.   1 l. 10 s.

Histoire de François Wills, ou le Triomphe de la Bien-faisance, par l'Auteur du Ministre de Wakefield, 2 part. *in-12.* br. (*Amsterdam.*)   3 l.

Histoire des Modes Françoises ou Révolutions du Costume en France, depuis l'établissement de la Monarchie jusqu'à nos jours, contenant tout ce qui concerne la tête des François, avec des recherches sur l'usage des chevelures artificielles chez les anciens, 2 part. *in-12* br.   6 l.

Histoire d'Emilie Montague, par l'Auteur de Julie Mandeville, 4 part. *in-12* br.   4 l.

Homme & de la femme (de l') considerés physiquement dans l'état du mariage, nouv. édit. 2 vol. *in-12.* 6 l.

* Homme Moral (l'), 1 vol. *in-12.*   2 l. 8 s.

Homme Sauvage (l'), par M. Mercier, 1 vol *in-12.* rel.   2 l. 10 s.

Homme au Latin (l'), ou la destinée des Savans, 1 vol. *in-8.*   1 l. 10 s.

Honneur François (l'), où Histoire des Vertus & des
Exploits de notre Nation, depuis l'établissement de
la Monarchie jusqu'à nos jours, 8 vol. *in-12.* 24 l.

I.

Jolie Femme (la), ou la Femme du Jour, 2 vol.
in-12. br. 3 l.
Joseph, Poëme en neuf Chants, par M. Bitaubé, 1 vol.
in-8. rel. 5 l.
Le même Ouvrage 1 vol. *in-12.* petit pap. rel. 2 l. 10 f.
Journées Mogoles, 2 part. *in-12.* br. 3 l.
Julien l'Apostat, ou Voyage en l'autre Monde, tra-
duit de Fielding, 2 part. *in-12.* br. 2 l. 8 f.

L.

*Lamentations de Jérémie, par M. Desmarets, 1 vol.
in-8. avec cinq belles figures en taille douce. 6 l.
Lettre aux Académiciens du Royaume, & à tous les
François sensés, où l'on plaisante sur différens usages
établis dans la Société. *in-8.* 1 l.
*Lettres Juives, par le Marquis d'Argens, 8 vol. *in-12.* 16 l.
*——— Chinoises, par le même, 6 vol. 12 l.
*——— Cabalistiques, par le même, 7 vol. 14 l.
Lettres Persannes, par M. le Président de Montesquieu.
1 vol. *in-12.* 2 l. 10 f.
Lettres de Madame la Marquise de Sevigné à Madame
la Comtesse de Grignan sa fille, 8 vol. *in-12.* petit
pap. 16 l.
Lettres d'une jeune Veuve au Chevalier de Luzeincour,
1 vol. *in-8.* br. 2 l. 8 f.
*——— De Milady Juliette Catesby, par Madame Ricco-
boni. 1 l. 10 f.
*——— De Miss Fani Butler, par la même. 1 l. 10 f.
Et les autres Ouvrages du même Auteur.
——— De la Marquise de M** au Comte de R** par M.
de C... 2 part. *in-12.* petit pap. 2 l. 8 f.

[14]

Lettres de a Duchesse de**, par le même, 2 vol. *in-12.*
3 l. 12 f.

—— De Milady Montagu pendant ses voyages en Turquie, &c. 3 vol.
4 l. 10 f.

*Lettres du Marquis de Rozelle, 2 part.
3 l. 12 f.

Lettres de Sophie & du Chevalier de***, pour servir de Supplément aux Lettres du Marquis de Roselle, 2 part. *in-12.* br.
3 l.

Lettres du Chevalier Dorigny, 2 vol.
2 l. 8 f.

Lettres d'Emerance à Lucie, 2 vol. *in-12.*
5 l.

Lettres de Madame Dumontier à sa fille, 2 vol. *in-12.* 5 l.

Loix & Constitutions de Sa Majesté le Roi de Sardaigne, promulguées dans ses Etats en 1770, 2 vol. *in-12.* rel. 6 l.

M.

MAGAZIN des Enfans, par Madame le Prince de Beaumont, 2 vol. *in-12.*
5 l.

—— Des Adolescentes, 2 vol.
5 l.

—— Des Jeunes Dames, 3 vol.
7 l. 10 f.

—— Des Pauvres, 2 vol.
5 l.

*Maison (nouvelle) Rustique, 2 vol. *in-4.*
24 l.

Malheurs (les) de l'Amour, 2 part. *in-12.* pet. p. 1 l. 16 f.

*Manuel des Artistes & des Amateurs, ou Dictionnaire Historique & Mythologique &c. 4 vol. *in-12.*
18 l.

*Manuel du Jeune Chirurgien, 1 vol. *in-8.*
5 l.

Mariage (le) Clandestin, Comédie en 5 actes en prose, traduit de l'Anglois par Mad. Riccoboni ; *in-8.* 1 l. 10 f.

Méditations d'Hervey, traduites de l'Anglais ; par M. le Tourneur, 1 vol. *in-8.* avec le portrait d'Hervey. 5 l.

Les mêmes, 1 vol. *in-12.*
3 l.

*Mémoires de la Ligue, 6 vol. *in-4.*
72 l.

*Mémoires de Maximilien de Bethune, Duc de Sully, 8 vol.
20 l.

*—— De Madame de Motteville, 5 vol. *in-12.* 12 l. 10 f.

*Mémoires de M. le Maréchal Duc de Villars, 3 vol. *in-12.*
7 l. 10 f.

*Mémoires du Comte de Gramont ; par M. le Comte

Hamilton, 2 vol. *in-12.* petit. pap.   4 l.

Mémoire pour Pierre-Paul Sirven, accusé de l'Assassinat de sa fille pour cause de Religion, 1 vol. *in-8.* 2 l. 8 f.

Mémoires du Marquis de Solanges, 2 vol. *in-12.* nouvelle édit. br.   3 l.

Mémoires d'une Religieuse, écrits par elle - même, 2 part. *in-12.*   2 l. 8 f.

Mémoires de Madame la Baronne de Batteville, 1 vol.   2 l. 10 f.

* Mémoires de Madame de Staal, 2 vol. 6 l.

Métamorphoses d'Ovide, 3 vol. *in 12.* 7 l. 10 f.

Mille & une soirées, Contes Mogols, 3 vol. *in-12.* 7 l. 10 f.

Mille & une Nuits, Contes Arabes, 6 vol. *in-12.* 15 l.

Mille & un quarts d'Heures, Contes Tartares, 2 vol. *in-12*   5 f.

Mœurs du jour (les) ou Histoire de Sir Williams Harington, écrite du vivant de M. Richardson, revue & retouchée par lui sur le manuscrit de l'Auteur ; traduction de l'Anglois, 4 part. *in-8.* petit pap. br. (*Amsterdam*)   6 l.

Mort d'Abel, Poëme en 5 Chants, traduit de l'Allemand, de M. Geſner, 1 vol. *in-12.*   2 l.

N.

Naufrage & Avantures de M. Pierre Viaud, natif de Rochefort, Capitaine de Navire, 1 vol. *in-12.* broc.   2 l.

Nouveaux Voyages aux Indes Occidentales, par M. Boſſu, 2 vol. *in-12.* fig. rel.   5 l.

Idem, en un vol. 3 l. 15 f.

Nouvelle Méthode du Blason, ou de l'Art Héraldique, par le P. Meneſtrier, nouvelle édition, miſe dans un meilleur ordre, & augmentée de toutes les connoiſſances relatives à cette ſcience, 1 vol. *in-8.* fig. 7 l.

Nouvelle Clariſſe (la), par Madame le Prince de Beaumont, 2 vol. *in-12.*   5 l.

Nuits d'Young (les), traduites de l'Anglais, par M. le Tourneur, 2 vol. *in-8.* 9 l. 10 f.

—— Les mêmes, 2 vol. *in-12.* 6 l.

—— Les mêmes, 2 vol. *in-12* petit pap.   5 l.
—— Les mêmes, Italien-François, 3 vol. *in-12.* 7 l. 10 f.
—— Les mêmes, en Italien seulement, 2 vol. 5 l.

O

OBSERVATIONS Historiques & Critiques sur les Commentaires de Folard & sur la Cavalerie, par le Comte de Brezé, ci-devant Officier de Cavalerie, au service de Sa Majesté le Roi de Sardaigne, 2 vol. *in-8.* orné de vingt-neuf planches gravées. (Turin 1772.)   12 l.
Observations Critiques sur la traduction en vers des Géorgiques de Virgile ; sur les Poëmes des Saisons, de la Déclamation, de la Peinture, &c. par M. Clément, 1 vol. *in-8.* petit pap. rel.   3 l. 15 f.
Observations sur la Réponse des Etats de Bretagne. avec la Réponse des mêmes Etats au Mémoire de M. le Duc d'Aiguillon, par M. Linguet, 1 vol. *in-12.* br. 2 l. 10 f.
Observations sur la Physique, sur l'Histoire Naturelle & sur les Arts & Métiers, *par M. l'Abbé Rozier*, 12 Parties brochées.   24 liv.
* Œuvres de Chaulieu, 2 vol. *in-12.* pet. pap. rel. 4 l.
* —— D'Hamilton, 6 vol. petit pap. rel.   12 l.
* —— De Desmahis, 1 vol. *in-12.* rel.   3 l.
* —— De Regnier, 2 vol. rel.   4 l.
* —— De Madame Deshoulieres, 2 vol. *in-12.* rel. 4 l.
* —— De Boileau Despreaux, 3 vol. *in-12.* pet.pap. 6 l.
* —— De Vergier, 2 vol. *in-12.*   4 l.
—— De Gresset, 2 vol. *in-12.* petit papier,   5 l.
* —— De la Fontaine, 4 vol. *in-12.*   8 l.
* —— De J. B. Rousseau, 5 vol.   10 l.
* —— De Madame Du Bocage, 3 vol. *in-8.*   9 l.
* —— De Pavillon, 2 vol. *in-12.*   4 l.
* Œuvres de M. de Montesquieu, 3 vol. *in-4.* 36 l.
—— Les mêmes vol. 7 l. *in-12.*   17 l. 10 f.
Œuvres Complettes d'Young, traduites de l'Anglois, par M. le Tourneur, 4 vol. *in-8.* rel.   19 l.
—— Les mêmes, 4 vol. *in-12.* rel.   12 l.
On vend séparément les Nuits, ainsi que les Œuvres diverses.

Œuvres

* Œuvres de Théâtre de Pierre & Thomas Corneille, 19 vol. *in-12.* petit pap. rel.   38 l.
—— Les Chef-d'Œuvres des mêmes, 3 vol. *in-12.* avec les Commentaires de M. de Voltaire, rel.   9 l.
* Œuvres de Racine, 3 vol. *in-12.* petit pap. rel.   6 l.
* —— De Moliere, 8 vol. *in-12.* petit pap. rel.   16 l.
* —— De Crébillon, 3 vol. petit pap.   7 l.
* —— De Regnard, 4 vol.   9 l.
* —— De Campiftron, 3 vol. *in-12.*   6 l.
* —— De Dancourt, 12 vol. petit. pap.   24 l.
* —— De Deftouches, 10 vol. petit pap.   20 l.
* Idem grand *in-12,* 7 vol.   21 l.
* —— De Baron, 3 vol. *in-12.* petit pap.   6 l.
* —— De la Chauffée, 5 vol. *in-12.*   10 l.
* —— De Lafond, 1 vol, *in-12.*   2 l. 10 f.
* Œuvres de M. de Volt. 18 vol. *in-4.* 50 fig. r. 280 l. 15 f.
* Les mêmes en feuilles fans fig.   199 l.
   La fuite fous preffe.
* Œuvres Dramatiques de M. Diderot, contenant le Pere de Famille & le Fils Naturel, 2 vol. *in-12.*   6 l.
—— De M. Marin, 1 vol. *in-8.* rel.   3 l. 10 f.
Œuvres Diverfes de M. de B***, contenant des Tragédies, des Comédies, des Opera ; les Mémoires de la jeuneffe de l'Auteur, &c. 2 vol. *in-8.* br.   5 l.
Origine des premieres Sociétés, des Peuples, des Sciences, des Arts & des idiomes anciens & modernes, 1 vol. *in-8.* de 600 pages, rel.   6 l.
Orphelin (l') Anglois, Drame en 5 actes en profe, *in-8.* fig.   1 l. 10 f.
Orpheline (l') Angloife, 4 vol. *in-12.* petit pap.   6 l.

P.

P Anégyrique de Saint Louis, par M. l'Abbé Maury, Grand-Vicaire de Lombez, *in-8.*   1 l. 10 f.
Payfanne Parvenue, 4 vol. *in-12.* petit pap. rel.   8 l.
Parallelle de la condition & des facultés de l'homme, avec la condition & les facultés des autres animaux, &c. 1 vol. *in-8.* br.   2 l. 8 f.
Paradis perdu (le) de Milton, 4 vol. *in-12.* pet. pap.   8 l.

Pensées de Mylord Bolingbrocke sur différens sujets d'Histoire, de Philosophie, de Morale, &c. 1 vol, *in-12.* 3 l.

*Philosophe (le) Anglois, ou Histoire de Cléveland, fils naturel de Cromwel, 6 vol. *in-12.* rel. 15 l.

Philosophe (le) du Valais, ou Correspondance Philosophique, avec des observations de l'Editeur, 2 vol. *in-12.* rel. 5 l.

Philosophie (la nouvelle) réfutée par elle-même, Ouvrage dans lequel on renverse le systême des Matérialistes, &c. par le R. P. Hyacinthe, 1 vol. *in-12.* br. 1 l. 16 f.

Pierre le Grand, Tragédie en 5 actes en vers, par M. de Fontanelle. *in-8.* 1 l. 10 f.

Piété Filiale (la), Drame en cinq actes en prose, par M. Courtial, *in-8.* 1 l. 10 f.

* Praticien François (le) par M. Lange, 2 vol. *in-4.* 20 l.

* Pratique Curieuse, ou les Oracles des Sibilles sur chaque question proposée, augmentée d'une seconde partie sur de nouvelles questions qui n'ont point encore paru, avec la fortune des Humains, nouvelle édition, 1 vol. *in-12.* 2 l. 10 f.

Promenades [les] de M. Frankly, 2 part. *in-12.* br. [*Amsterdam.*] 3 l.

Proverbes Dramatiques, par M. C. nouvelle édition, augmentée de deux volumes, 6 vol. *in-8.* br. 18 l.

On prévient le Public qu'on a supprimé dans cette nouvelle Edition le titre d'Amusemens de Société, que portoient les tomes 3 & 4. parce que beaucoup de personnes présumoient qu'ils n'étoient pas du même Auteur, & que c'étoit un autre Ouvrage.

Princesse de Cleves, 2 vol. petit pap. rel. 4 l.

R.

* RECRÉATIONS Mathématiques de M. Ozanam, 4 vol. *in-8.* 24 l.

Recueil de Romances Historiques, tendres & burlesques, tirées de tous les meilleurs Auteurs, tant manuscrits qu'imprimés; conformes à l'Anthologie

Françoise de M. Monet, & faisant suite à cet Ouvrage, 2 vol. *in*-8. avec les airs notés & fig. br. 12 l.
Le second volume vient de paroître, & se vend séparément aux personnes qui ont le premier.
Recüeil de Piéces intéressantes pour servir à l'Histoire de France, contenant la vie des Cardinaux de Richelieu & de Mazarin ; Lettre de Fra-Paolo à l'Abbé de Saint Médard de Soissons ; Introduction à l'Histoire de France, où Annales des premiers Rois de la Monarchie Françoise. Une Histoire Abrégée de la Donation du Dauphiné, par M. l'Abbé de Longuerue, 1 vol. *in*-12. rel. 2 l. 10 s.
* Réthorique Françoise, à l'usage des Jeunes Demoiselles, 1 vol. *in*-12. 2 l. 10 s.
* Rêveries de Maurice, Comte de Saxe, Maréchal de France, 2 vol. *in*-4. fig. 42 l.
Révolutions d'Italie, traduites de l'Italien, de M. Denina, par M. l'Abbé Jardin, 6 vol. *in*-12. 18 l.
Les Tomes VII. & VIII. sous presse.
* Roman Comique de Scaron, 3 vol. *in*-12. 7 l. 10 s.
* —————— Le même, petit papier. 6 l.

S.

* Satyres de Perse, traduites par M. Carron de Gibert, *in*-8. br. 1 l. 16 s.
Satyre sur les abus du Luxe, par M. Clément, *in*-8. 15 s.
Sauvage (le) de Taïti aux François, 1 vol. *in*-12. 1 l. 4 s.
* Science du Maitre-d'Hôtel-Confiseur, 1 vol. *in*-12. 3 l.
Science du Cuisinier, 1 vol. *in*-12. 3 l.
Science des Négocians, par M. De la Porte, 1 vol. *in*-4. oblong. 5 l.
* Secrétaire de la Cour [le nouveau], contenant une instruction pour se former dans le style Epistolaire ; le Cérémonial des Lettres, & les regles de Bienséance qu'il faut observer dans les Lettres que l'on écrit, &c. 2 vol. *in*-12. 5 l.
Secrétaire [le] du Parnasse, où Recueil de nouvelles Pieces Fugitives, en vers & en prose, dédié à M. de Voltaire, 1 vol. *in*-12. br. 2 l. 10 s.

Sens [les] Poëme en cinq parties, par M. Girard Raigné, suivis de quelques Poësies sur divers sujets, *in-8.* 1 l. 16 f.

Sermons prêchés à la Mission Françoise d'Amsterdam, par le R. P. Girardot, Carme Déchauffé ; Visiteur général des Missions Hollandoises, [*Avent*] un vol. *in-12.* 2 l. 10 f.

Idem. [Carême], 2 vol. *in-12.* 5 l.

Sermons nouveaux sur les Vérités les plus intéressantes de la Religion, 3 vol. *in-12.* 7 l. 10 f.

* Siecle de Louis XIV. par M. de Voltaire, avec le précis du siécle de Louis XV 6 vol. *in-12.* petit pap. 12 l.

Symphatie [la], par M. Mercier, brochure *in-12* 16 f.

Soldat parvenu [le], ou Mémoires & Aventures de M. de Verval, 2 vol. *in-12.* rel. 5 l.

Songes Philosophiques, par M. Mercier, 1 vol. *in-12.* rel. 3 l.

Souper [le] des Petits-Maitres 2 part. en une, 2 l. 8 f.

T.

Tableau de l'Histoire de France jusqu'à la fin du Régne de Louis XIV. représentant le caractere & les actions de chaque Roi ; &c. 2 vol. *in-12.* 5 l.

Tableau du Globe, ou nouveau Cours de Géographie, enrichie de l'Histoire Naturelle & politique des divers Peuples de la terre, par M. Serane, 1 vol. *in-12.* br. 2 l.

Tableau Historique & Politique de la Suisse, où sont décrits sa situation, son état ancien & moderne ; sa division en cantons ; les Dietes & l'union Helvetique, &c. avec un état de son commerce, de ses revenus, de sa milice, &c. 1 vol. *in-12.* 2 l. 5 f.

Tableau Philosophique de l'esprit de M. de Voltaire, pour servir de suite à ses Ouvrages, & de Mémoires à l'Histoire de sa vie, 1 vol. *in-8.* br. 3 l. 12 f.

——— Le même ; *in-12.* 2 l. 10 f.

Tanzaï & Neadarné, Histoire Japonoise, 2 vol. rel. fig. 5 l.

Temple (le) de Gnide, par M. de Montesquieu, 1 vol. *in-12.* fig. 1 l. 16 f.

Testament Politique du Cardinal Alberoni, 1 vol. *in-12.* 2 l. 10 f.

[21]

Théâtre du Prince Clenerzow, Ruffe, par l'Auteur des Proverbes Dramatiques, 2 vol. *in-8.* br. 6 l.

Théâtre Allemand, ou Recueil des meilleures Piéces Dramatiques, tant anciennes que modernes, qui ons paru en langue Allemande, &c. traduit par Meffieurs Junker & Liebault, 2 vol. *in-12.* 6 l.

Tobie, Poëme en quatre chant, par M. le Clerc, dedié à N. S. P. le Pape Clément XIV. 1 vol. pet. pap. rel. 2 l.

* Traduction [nouvelle] des Métamorphofes d'Ovide, par M. de Fontanelle, 2 vol. *in-8.* 12 l.

Traité de Paix de Weftphalie, par le P. Bougeant, 6 vol. *in-12.* rel. 15 l.

Traité des différentes fortes de Preuves qui fervent à établir la vérité de l'Hiftoire, par le R. P. Griffet, nouvelle édition corrigée & augmentée. 3 l.

*Traité du vrai Mérite de l'Homme, par M. de Claville, 2 vol. *in-12.* petit pap 4 l.

* Traité de l'Ortographe Françoife, en forme de Dictionnaire, 1 vol. *in-8.* 7 l.

*Traité de l'Apoplexie, Paralyfie & autres affections foporeufes, par feu M. Marquet, 1 vol. *in-12.* 2 l. 10 f.

* Traité du Bonheur Public, par M. Louis-Antoine Muratori, Bibliotécaire du Duc de Modene, traduit de l'Italien, 2 vol. *in-12.* 6 l.

Trapue, Reine des Topinamboux, ou la maîtreffe Femme, Conte Hiftorique & allégorique, 1 vol. *in-12.* broché. 1 l. 16 f.

V.

Variétés Littéraires, ou Recueil de Piéces, tant originales que traduires, concernant la Philofophie, la Littérature & les Arts, par Meffieurs Suard & l'Abbé Arnaud, 4 vol. *in-12.* rel. 12 l.

*Viciffitudes [les] de la Fortune, ou Cours de Morale, mife en action, 2 vol. *in-12.* fig. br. 5 l.

Vie de Marianne, par M. de Marivaux, 4 vol. *in-12.* petit pap. rel. 8 l.

* Vie de Dona Olympia Maldachini, Princeffe Panfile, 2 part. *in-12.* 3 l.

* Vie du Cardinal d'Offat, 2 vol. *in-8.* 10 l.

*Virgile travefti, 4 vol. *in-12.* petit pap. 8 l.

Vocabulaire François , ou Abrégé du Dictionnaire
de l'Académie Françoise , auquel on a ajoûté une
Nomenclature Géographique très - étendue , 2 vol.
in-8.   10 l.

*Voyages de Richard Pockocke, Membre de la Société
Royale de Londres , en Orient & dans d'autres
Contrées ; traduits de l'Anglois , par une Société de
Gens de Lettres , 9 vol. *in*-12.   24 l.

Voyages & Avantures de la Princesse de Babylone ,
par M. de Voltaire , *in* - 8.   2 l.

Voyages de Michel de Montaigne en Allemagne & en
Italie , 1 vol. *in*-4. grand papier, rel. en 2 vol. 24 l.

———Les mêmes , 2 vol. *in*-12. rel.   6 l.

———Les mêmes , 3 vol. petit pap. rel.   6 l.

Z.

*ZAÏDE, Histoire Espagnolle , 2 vol. petit pap. 4 l.

---

*ŒUVRES DE *M.* D'*ARNAUD* , *in-8º. grand papier , figures.*

LE Comte de Comminge , Drame , nouvelle édition.   4 l. 4 f.

Euphemie , ou le Triomphe de la Religion , Drame :
         4 l. 4 f.

Fayel , Tragédie.   3 l.

ÉPREUVES DU SENTIMENT , Tome 1er . br.   12 l.

*Ce volume contient les Pieces suivantes , qui se vendent
séparément.*

Fanni , Histoire Angloise ; nouvelle édirion, *in*-8. fig.
         2 l. 8 f.

Lucie & Mélanie , Anecdote , nouvelle édit. augmentée ,   2 l. 8 f.

Clary , Histoire Angloise , nouvelle édition, augmentée ,   2 l. 8 f.

Julie , Anecdote Historique , nouv. édit. augm. 2 l. 8 f.

Nancy, Hift. Angloife, nouv. édit. augmentée. 2 l. 8 f.
Batilde, Anecdote Hiftorique. nouv. édit. br. 2 l. 8 f.
ÉPREUVES DU SENTIMENT, Tome II. 12 l.
*Ce Volume qui eft actuellement complet, contient les
  Pieces fuivantes, qui fe vendent féparément.*
Anne Bell, Hiftoire Angloife. 2 l. 8 f.
Selicourt, Anecdote Hiftorique. 2 l 8 f.
Sidney & Volfan, Hiftoire Angloife. 2 l. 8 f.
Adelfon & Salvini, Hiftoire Angloife. 2 l. 8 f.
Sargines, Anecdote Hiftorique. 2 l. 8 f.
ÉPREUVES DU SENTIMENT, Tome III.
Zénothémis, Anecdote Marfeilloife. 2 l. 8 f.
*Les quatre autres Anecdotes qui doivent completter ce
  troifieme Volume paroîtront fucceffivement.*
ÉPREUVES DU SENTIMENT, 3 vol. *in-12.* br. 7 l. 10 f.
LAMENTATIONS DE JEREMIE, 1 vol, *in-8.* petit
  papeir, fig. 2 l. 8 f.

ŒUVRES DRAMATIQUES DE *M. MERCIER,*
in-8º. fig. grand papier.

JENNEVAL, ou le Barnevelt François, Drame en cinq
  actes, 2 l. 8 f.
Le Déferteur, Drame en 5 actes, 2 l. 8 f.
Olinde & Sophronie, idem. 2 l. 8 f.
L'Indigent, Drame en quatre actes, 2 l. 8 f.
Le Faux Ami, Drame en trois actes, 2 l. 8 f.

AUTRES OUVRAGES DE DIFFÉRENS AUTEURS,
en grand papier, in-8º. belles figures.

LETTRE du Lord Velfort à Milord Dirton, *in-8.* fig.
  2 l. 8 f.
——— De Dulis à fon Ami. 1 l. 16 f.
——— De Don Carlos, Infant d'Efpagne, à
  Elifabeth de France. 1 l. 10 f.
Narciffe dans l'Ifle de Vénus, Poëme en 4 Chants,
  par feu M. Malfilâtre, *in-8.* fig. gr. pap. 3 l. 12 f.
——— Le même, petit pap. 2 l. 8 f.

Poësies Pastorales , suivies de la Voix de la Nature ,
   Poëme ; des Lettres de Sainville & de Sophie , &
   d'autres Pieces en vers & en Prose , par M. Léonard ,
   1 vol. *in-8.* gr. pap. fig.   4 l. 4 f.
La Peinture, Poëme en trois chants, *in-4.* belles estam-
   pes du dessin de M. Cochin.   6 l.
———————— Le même Ouvrage , *in-8.*   3 l.
Phrosine & Melidore ; Poëme en 4 Chants , par M. Ber-
   nard , *in-8.* avec quatre belles estampes ;   2 l. 8 f.
Le Temple de Gnide, mis en vers par M. Colardeau
   in-8. avec *huit belles estampes* br.(1773)   7 l. 10 f.
Lettre de la Duchesse de la Valliere à Louis XIV. précé-
   dée d'un Abrégé historique de sa vie , par M. Blin de
   Sainmore , avec le véritable portrait de Madame la
   Valliere , dessiné & gravé par M. de St. Aubin, d'après
   le tableau peint par le Brun , qui est au Couvent des
   Carmelites , *in-8°.* (1773)   2 l. 8 f.

Livres Italiens.

La Gerusalemme liberata del Tasso , 2 vol. *in-8.* rel.
                            10 l.
La Lusiade o sia la scoperta delle Indie Orientali fatta
   da' Portoghesi di Luigi Camoens Chiamato per la
   sua eccellenza il virgilio di Portogallo scritta de esso
   celebre autore nella sua lingua naturale in ottava
   rima , ed ora nello stesso metto tradotta in Italiano &c.
   Torino 1773 , 1 vol. *in-12.* br.   2 l. 10 f.
Cleopatra dramma eroico dell' avvocato Cesare Oliveri ,
   dedicato a S. A. R. Vittorio Amedeo duca di Savoja
   in-4. fig.   2 l. 8 f.

On souscrit , chez le même Libraire , pour l'Année
Littéraire , par M. Freron.

Pour Paris, franc de port.   24 l.
Pour la Province , franc de port.   32 l.

On trouve aussi chez lui un assortiment de toutes les
Nouveautés Littéraires.

CATALOGUE

DES LIVRES DU FONDS

De CLAUDE - ANTOINE JOMBERT, *fils aîné*, *Libraire du Roi pour le Génie & l'Artillerie, rue Dauphine, près le Pont-Neuf, à Paris,* 1777.

Ouvrages de feu M. OZANAM, *de l'Académie des Sciences.*

RÉCRÉATIONS mathématiques & physiques, contenant plusieurs problêmes curieux d'Arithmétique, de Géométrie, de Méchanique, d'Optique, de Gnomonique & de Physique, en 4 volumes in-8. avec 147 planches, nouvelle édition, 1770,   24 liv.

Les Elémens d'Euclide, du P. Deschalles, avec l'usage de chaque proposition pour toutes les parties des Mathématiques, par M. Audierne, in-12, avec 20 planches, 1753,   3 l. 10 s.

Traité de l'Arpentage & du Toisé, ou Méthode facile pour arpenter ou mesurer toutes sortes de superficies, avec un nouveau Tarif pour les Bois de Charpente, in-12, avec 12 planches, 1758,   3 l. 10 s.

La Géométrie pratique, contenant la Trigonométrie, avec un Traité de l'Arithmétique par Géométrie, in-12, avec 11 planches, nouvelle édition augmentée, 1762,   3 l. 10 s.

Usage du Compas de proportion & de l'instrument universel, avec un Traité de la division des Champs, in-12, avec 12 planches, nouvelle édition, 1769,   2 l. 10 s.

Méthode de lever les Plans & les Cartes de terre & de mer, avec toutes sortes d'instrumens, & sans instrumens, in-12, avec 16 planches, nouvelle édition, 1750,   2 l. 10 s.

Cours de Mathématique, qui comprend les parties de cette science les plus utiles à un Homme de Guerre, en cinq volumes, in-8. avec plus de 200 planches,   42 l.

Traités tirés du Cours, qui se vendent séparément.

L'Arithmétique, où toutes les parties de cette science sont démontrées d'une maniere courte & facile, in-8. nouvelle édition, corrigée & augmentée, *sous presse.*

A

La Trigonométrie rectiligne & sphérique, nouvelle édition, augmentée ; on y a joint les Tables des sinus, tangentes & sécantes , & des logarithmes , par Adrien Wlacq , corrigées avec la plus grande exactitude, in-8. 1765 , avec 6 planches ,   6 l.

La Méchanique , où il est traité des Machines simples & composées , de l'Hydrostatique & des Machines hydrauliques , &c. in-8. avec 28 planches ,   6 l.

La Perspective théorique & pratique , où l'on enseigne la méthode de mettre toutes sortes d'objets en perspective , & d'en représenter les ombres causées par le soleil ou par quelqu'autre lumiere , nouvelle édition , corrigée , in-8. 1769 , avec 36 planches ,   6 l.

La Géographie ou la Cosmographie , où l'on traite de la sphère, de la connoissance des corps célestes , des différens systémes du globe , &c. in-8. avec 14 planches ,   6 l.

La Gnomonique , où l'on donne la maniere de faire des Cadrans solaires sur toutes sortes de surfaces , &c. in-8. avec 30 planches ,   6 l.

Ouvrages de M. l'Abbé Bossut , de l'Académie Royale des Sciences , Examinateur des Ingénieurs , &c.

Traité Elémentaire d'Arithmétique , in-8. 1775 , broché.   3 l.
   Et relié ,   3 l. 15 s.
Traité Elémentaire d'Algebre , in-8. 1776 , br. 5 l. 15 s. & relié , 6 l.
Traité Elémentaire de Géométrie , & de la maniere d'appliquer l'Algebre à la Géométrie , in-8. avec 15 planches , 1775 , br. 5 l. 5 s. & rel. 6 l.
Traité Elémentaire de Méchanique , avec des notes sur plusieurs endroits, in-8. 11 planches , 1775 ; broché , 5 l. 5 s. & relié ,   6 l.
Traité Elémentaire d'Hydrodynamique , Ouvrage dans lequel la théorie & l'expérience s'éclairent ou se suppléent mutuellement , avec des notes sur plusieurs endroits qui ont paru mériter d'être approfondis , deux volumes in-8. avec 16 planches , 1775 , broché ,   10 l. 10 s.
   Et relié ,   12 l.
Traité élémentaire de Calcul différentiel & de Calcul intégral , traduit de l'Italien de Mademoiselle Agnesi , avec des additions , *in*-8. 6 planches, broché , 5 l. 5 s. & relié ,   6 liv.

Œuvres de M. d'Alembert, de l'Académie Françoise, des Académies Royales des Sciences de France , de Prusse , d'Angleterre , &c.

Opuscules mathématiques , ou Mémoires sur différens sujets de Géométrie , de Méchanique , d'Optique , d'Astronomie , &c. 6 vol. in-4. petit format , avec 20 planches , 1761-1773 ,   60 liv.
   Les Tomes V & VI séparément , 12 liv. chaque.
Recherches sur différens points importans du systéme du monde , 3 vol. in-4. petit format , avec 6 planches , 1754-1756 ,   21 liv.
   Le Tome III , séparément ,   7 liv. 10 s.

Nova Tabularum Lunarium emendatio ; 20 pages in-4. broché,   12 fols.

Nouvelles Tables de la Lune, 32 pages, in-4. pet. form. broché, 18 fols.

Traité de Dinamique, dans lequel les loix de l'équilibre & du mouvement des corps sont réduites au plus petit nombre possible, & démontrés d'une maniere nouvelle, &c. in-4. petit format, nouvelle édition, 1758, avec 5 planches,   9 liv.

Traité de l'Equilibre & du mouvement des Fluides, pour servir de suite au Traité de Dinamique, in-4. petit format, nouvelle édition, considérablement augmentée, avec 10 planches 1770,   12 liv.

Recherches sur la Précession des Equinoxes & sur la nutation de l'axe de la terre dans le systéme. Newtonien, in-4. petit format, avec 4 planches, 1749,   7 liv. 10 fols.

Essai d'une nouvelle Théorie de la résistance des fluides, in-4. petit format, avec 2 planches, 1752,   7 liv. 10 fols.

Réflexions sur la cause générale des vents, piece qui a remporté le prix proposé par l'Académie des Sciences de Berlin en 1746, in-4. petit format, avec 2 planches, nouv. édit. corrigée, 1777, *sous presse.*

Elémens de Musique théorique & pratique suivant les principes de M. Rameau, éclaircis, développés & simplifiés, nouv. édit. considérablement augmentée, in-8. avec 10 planches, 1772,   4 liv. 10 fols.

Mélanges de littérature, d'Histoire & de Philosophie, 5 vol. in-12, nouvelle édition augmentée, 1770,   13 liv.

Ouyrages de M. Clairault, des Académies des Sciences de France, d'Angleterre, de Prusse, de Russie, de Bologne & d'Upsal.

Elémens de Géométrie, nouvelle édition, avec 14 planches, in-8. 1765,   5 liv.

Elémens d'Algebre, nouvelle édition, in-8. 1768,   5 liv.

Théorie du mouvement des Cometes, dans laquelle on a égard aux altérations que leurs orbites éprouvent par l'action des Planetes, in-8. 1760, broché,   3 liv.

Ouyrages traduits de l'Anglois de T. Simpson, Professeur de Mathématiques à l'Ecole Royale de Wolwich.

Elémens de Géométrie, avec les *maximis* & les *minimis* ; un Traité des solides réguliers, de la mesure des surfaces & des solides ; la construction de divers problêmes géométriques, nouvelle édition, augmentée de la Trigonométrie rectiligne & sphérique, & de 4 pl. in-8. 1771, 6 l. On vend séparément, *pour servir de supplément aux précédentes éditions de sa Géométrie*, la Trigonométrie rectiligne & sphérique, avec la nature & l'application des logarithmes, la construction des tables des sinus, tangentes, & les proportions des triangles, in-8. avec 4 planches, 1771, broché,   1 l. 16 f.

Elémens d'Analyse pratique, ou Recueil de Problêmes numériques, résolus par l'Algebre, & de Problêmes géométriques, résolus par Algebre & par Géométrie; on y a joint une introduction à l'Analyse, & un petit traité d'Arithmétique, in-8. 1771, avec 9 planches, 6 l.

Ouvrages du R. P. Reyneau, de l'Oratoire.

Analyse démontrée, ou Méthode de réfoudre les problêmes des mathématiques, & d'apprendre facilement les fciences, feconde édition, augmentée des Remarques de M. de Varignon, 2 vol. in-4. avec 5 planches, 1736, 18 liv.
Science du Calcul des grandeurs en général, ou Elémens des Mathématiques, feconde édition, 2 vol. in-4. 1739, 18 liv.

Ouvrages du R. P. Lamy, de l'Oratoire.

Elémens de Mathématiques, ou Traité de la Grandeur en général, qui comprend l'Arithmétique, l'Algebre & l'Analyfe, huitieme édition, in-12, 1765, 3 l.
Elémens de Géométrie ou de la mefure de l'Etendue, qui comprend les Elémens d'Euclide, les plus belles propofitions d'Archiméde touchant le cercle, la fphère, le cylindre & le cône, feptieme édition, 1758, in-12, avec figures, 3 l.
Entretiens fur les Sciences, dans lefquels on apprend la maniere d'étudier les fciences, & de s'en fervir pour fe rendre l'efprit jufte, & fe former un cœur droit, 2 vol. in-12, nouvelle édition, augmentée du double, *fous preffe*.

N.B. *Cet ouvrage juftement eftimé, & qu'une multitude de réimpreffions a prodigieufement répandu, fera mis dans un ordre plus méthodique, & augmenté de plus de moitié. L'Editeur y traitera les parties des Sciences que le P. Lamy a omifes; il donnera plus d'étendue à celles que cet Auteur a préfentées d'une maniere trop fuccinte : & par les additions qu'il y fera, il efpere rendre ce traité également utile aux Maîtres & à leurs Eleves, & à tous ceux que l'amour des Sciences rend curieux de connoître les meilleurs Livres qui en contiennent les principes.*

Traductions & Ouvrages de M. l'Abbé le Monnier.

Les Comédies de Térence, traduction nouvelle, avec le latin à côté, & des notes hiftoriques, critiques & grammaticales, très-belle édition, ornée de fept fujets, gravés d'après les deffins de M. Cochin, in-8. 3 vol. papier double, 1771, brochés, 24 liv. & reliés en veau propre, avec trois filets, 30 l.
— Les mêmes, 3 vol. in-8. petit format fans figures, reliés en veau, 12 l.
— Les mêmes, corrigées, à l'ufage des jeunes gens, 3 vol. in-8., petit format, fans figures, reliés en bafane, 9 l. 12 f.

(5)

Les Satyres de Perse, traduction nouvelle, avec le texte latin à côté, &
des notes, ornées d'un Frontispice d'après M. Cochin. in-8. broché,
4 l. 4 f. & relié en veau propre, avec trois filets,   6 l.
—— Les mêmes, in-8. p. f. sans fig. br. 2 l. 8 f. & relié en veau,   3 l. 6 f.
Fables nouvelles & Œuvres mêlées, ornées d'un Frontispice gravé d'ap-
près le dessin de M. Cochin, in-8. papier double, 1773, br. 4 l. 4 f.
& relié en veau propre, avec trois filets,   6 l.
—— Les mêmes, in-8. petit format, sans figures, 1773, br. 2 l. 8 f. &
relié en veau,   3 l. 6 f.

*Ouvrages de M. Garsault, ci-devant Capitaine en survivance des Haras
du Roi.*

Nouveau Parfait Maréchal, ou la connoissance générale du Cheval, avec
un dictionnaire des termes les plus usités dans le Manege, in-4. nouvelle édition, 1770, avec figures,   10 l.
Le Guide du Cavalier, in-12, avec figures,   2 l. 10 f.
Traité des Voitures avec la construction d'une Berline nouvelle, nom-
mée l'Inversable, in-4. avec 19 planches, br. 1754,   6 l.

Ouvrages de M. de la Guériniere, Ecuyer du Roi.

Ecole de Cavalerie, contenant la connoissance, l'instruction & la con-
servation du Cheval, in-fol. grand papier, avec figures,   36 l.
—— Le même, 2 vol. in-8. avec figures, 1769,   12 l.
—— Le même, 2 vol. in-12, petit format, avec figures, 1768,   5 l.

ART MILITAIRE.

Ouvrages de M. Joly de Maizeroy, Lieutenant-Colonel d'Infanterie.

Cours de Tactique, Théorique, Pratique & Historique, qui applique les
exemples aux préceptes, développe les maximes des plus habiles Généraux, & rapporte les faits les plus intéressans & les plus utiles, avec
les descriptions de plusieurs batailles anciennes, 2 vol. in-8. enrichis
de 23 planches, 1766,   12 l.
Suite. Traité de Tactique, auquel on a joint les stratagêmes permis à la
Guerre, & les maximes sur l'Art Militaire, 2 vol in-8. ornés de 15
planches, 1767,   10 l. 10 f.
La Tactique discutée & réduite à ses véritables loix, avec les moyens d'en
conserver les principes, & des remarques sur diverses parties de la
science de la guerre, pour servir de suite & de conclusion au Cours &
au Traité de Tactique, in-8. avec 12 pl. en taille-douce, 1773,   6 l.
Mémoire sur les opinions qui partagent les Militaires, suivi d'une nouvelle édition du Traité des Armes défensives, corrigé & augmenté,
avec 4 planches, in-8. 1773, br. 3 l. 12 f. & rel.   4 l. 10 f.

Institutions Militaires de l'Empereur Léon le Philosophe, traduites en françois, avec des notes & des observations, suivies d'une dissertation sur le feu Grégeois, & d'un traité sur les machines de jet des Anciens, 2 vol. in-8. avec 14 planches, 1771,   10 l. 10 f.

Mémoires contenant des Observations, desquelles on peut déduire une théorie de manœuvres, & Lettre de M * * * à un Officier Général, in-8. avec 2 planches, 1776,   1 l. 10 f.

Ouvrages de M. le Comte Turpin de Crissé, Maréchal des Camps & Armées du Roi, Inspecteur Général de Cavalerie & de Dragons, &c.

Commentaires sur les Mémoires de Montecuculi, Généralissime des Armées & Grand-Maître de l'Artillerie de l'Empereur, in-4. 3 vol. ornés d'un frontispice, de vignettes, culs-de-lampes, & de 43 planches, 1769,   42 liv.

——Les mêmes, in-8. 3 vol. *Amsterdam*, 1770,   24 liv.

Essai sur l'Art de la Guerre, 2 vol. in-4. grand papier, avec 25 planches, 1754,   30 liv.

Ouvrages de M. le Baron d'Espagnac, Brigadier des Armées du Roi, Gouverneur des Invalides, &c.

Campagnes de l'Armée du Roi en 1747, in-8.   4 l. 10 f.

Opérations de l'Armée du Roi, dans les Pays-Bas, en 1748, in-8. broché,   1 l. 10 f.

Essai sur la science de la Guerre, ou Recueil des observations de différens Auteurs sur les moyens de la perfectionner, in-8. 3 vol. 1753, 10 l. 10 f.

Suite. Essai sur les grandes opérations de la Guerre, avec des réflexions sur la manière de les perfectionner, Ouvrage enrichi de cartes & plans nécessaires, in-8. 4 vol. 1755,   15 l.

Supplément aux Rêveries, & Mémoires sur l'Art de la Guerre, par M. de Saxe, ou Réflexions servant d'éclaircissemens à cet Ouvrage, in-8. 1757, br.   1 l. 4 f.

Ouvrages de M. Cugnot, ancien Ingénieur de S. M. I. R. & A.

Elémens de l'Art Militaire, ancien & moderne, 2 vol. in-12, 1766, avec 12 planches,   6 l.

Suite. La Fortification de Campagne, théorique & pratique, ou Traité de la science de la construction, de la défense & de l'attaque des retranchemens, in-12, avec 12 planches, 1769,   3 l.

De différens Auteurs.

Géométrie pratique de l'Ingénieur, ou l'art de mesurer, ouvrage également nécessaire aux Ingénieurs, aux Toiseurs & aux Arpenteurs, suivi de l'arithmétique Militaire, par feu M. Clermont, Commissaire d'Artillerie, in-4. petit format, avec 27 pl. nouv. édit. 1775, 7 l. 4 f.

Mémoires de Montecuculi, divisés en trois livres: 1°. de l'Art Militaire en général: 2°. de la guerre contre le Turc: 3°. Relation de la Campagne de 1664, in-12, avec figures, 1760,   3 l.

Histoire de Polybe, avec un Commentaire ou un Corps de Science Militaire, enrichi de notes historiques & critiques, par M. de Folard, 7 vol. in-4. avec beaucoup de figures, nouvelle édition, *Amsterdam*, 1774,   96 liv.

Esprit de Folard, tiré de ses Commentaires sur l'Histoire de Polybe, in-8. avec 17 planches, 1761,   6 l.

L'Ecole de l'Officier, contenant une méthode facile & abrégée de lever un plan sans l'usage de la Géométrie ordinaire; un petit Traité de la fortification passagere, & des réflexions sur l'Art de la Guerre, traduit de l'Allemand, par M. le Comte de Brühl, in-8. enrichi de 9 planches, 1770, br. 3 l. & relié en veau,   4 l. 4 f.

Le Parfait Capitaine, contenant l'abrégé des Guerres des Commentaires de César, la discipline militaire des Romains, & un petit Traité de la Guerre, nouv. édit. augmentée, in-12, petit format, 1757, 2 l. 10 f.

Bibliotheque Militaire, Historique & Politique, contenant le Général d'Armée, par Onosander; la Campagne du Prince de Condé en 1674; des éclaircissemens sur Arnault de Cervoles, dit l'Archiprêtre; la vie d'Enguerrand VII, Sire de Coucy, & plusieurs Mémoires politiques & Relations de batailles, par M. le Baron de Zur-Lauben, 3 vol in-12, 1760, avec figures,   9 l.

Dictionnaire Militaire portatif, contenant tous les termes propres à la Guerre, la Tactique, le Génie, l'Artillerie, la discipline des Troupes, tant sur mer que sur terre, quatrieme édition, 3 vol. in-8. petit format, 1758,   15 l.

Instructions Militaires sur le service de garnison & de campagne, dictées à l'Ecole Royale Militaire, par M. du Bousquet, 2 vol. in-12, 1769, 5 l.

La Science des Postes Militaires, ou Traité des Fortifications de campagne, à l'usage des Officiers d'Infanterie, qui sont détachés à la guerre, dans lequel on a compris la maniere de les attaquer & de les défendre, par M. le Cointe, in-8. petit format, avec 10 planches, 1759,   3 l.

Elémens de l'Art Militaire, par feu M. d'Héricourt, nouvelle édition augmentée, 6 vol. in-12, 1759,   15 l.

L'Esprit du Militaire, ou entretien avec moi-même, par M. d'Ey, nouvelle édition, in-8. petit format, avec figures, 1772, br.   1 l. 16 f.

Œuvres Militaires de Sionville, 4 vol. in-12. avec fig. 1756,   12 l.

L'Ingénieur François, contenant la Géométrie pratique sur le papier & sur le terrein, avec le toisé des travaux & des bois, la fortification réguliere & irréguliere, la construction effective, l'attaque & la défense des places, avec la méthode de M. de Vauban, & l'explication de son nouveau systême, par M. N *** Ingénieur ordinaire du Roi, nouv. édition, 1771, in-8. avec 34 planches, 6 l.

Traité des armes défensives & offensives, & de l'Ordonnance de l'Infanterie, relativement au Génie de la Nation Françoise, in-8. 1776, avec 5 planches, broché, 1 l. 10 s.

Instructions militaires, par M. le Baron de Sparre, in-8. enrichi de 17 planches 1753, 5 liv.

Principes fondamentaux de la construction des places, avec des réflexions propres à démontrer les perfections & imperfections de celles qui sont construites ; un nouveau systéme defortification sur toute espece de lignes, & une nouvelle théorie des mines, in-8. avec 7 pl. 1775, 4 l. 10 s.

Examen de la poudre, traduit de l'Italien de M. Papacino d'Antoni, par M. le Vicomte de Flavigny, in-8. avec 9 planches, 1773, 6 l.

Nouveaux principes d'Artillerie, par Benjamin Robins, suivis de plusieurs discours qui leur servent de supplément, traduits de l'Anglois, in-8. 1771, avec figures, 6 l.

Tactique Navale, ou Traité des Evolutions & des Signaux, par M. le Vicomte de Morogues, in-4. gr. pap. enrichi de 49 planches, 1763, 18 l.

Traité de Tactique des Turcs, ou méthode artificielle pour l'ordonnance des Troupes, trad. du Turc, in-8. p. f. 1769, br. 1 l. 10 s. & rel. 2 l. 5 s.

Commentaires de Messire Blaise de Montluc, Maréchal de France, nouvelle édition, augmentée d'une table des matieres, & de l'explication des mots hors d'usage, 4 vol. in-12, 1760, 10 l.

Mémoires du Duc de Rohan, sur les choses qui se sont passées en France depuis la mort de Henri le Grand jusqu'à la paix faite avec les Réformés, augmentés de divers discours politiques, & de ses voyages, in-12, 2 vol. 1756, 6 l.

Histoire de Cyrus le Jeune, & de la Retraite des Dix-Mille, avec un Discours sur l'Histoire grecque, in-12, 1736, 2 l. 10 s.

Mémoires Militaires sur les Anciens, ou idée précise de tout ce que les Anciens ont écrit relativement à l'Art Militaire, recueillis & mis en ordre par M. Maubert de Gouvest, ornés de 16 planches, 1762, 2 vol. in-8. petit format, reliés en un, *Amsterdam*, 3 l. 12 s.

Mémoires Militaires, & Voyages du R. P. de Singlande, ancien Aumônier des Armées du Roi, contenant le détail des principaux événemens Militaires, auxquels il a assisté dans la Guerre de 1741, & les années suivantes, en Allemagne, en Flandre, en Italie & en Corse, avec la description exacte des villes & des lieux par où il a passé, 2 vol. in-12. 1766, br. 2 l. 8 s. & reliés en un, 3 l.

Mémoires Historiques, Politiques & Militaires sur la Russie, par le Général Manstein, in-8. 2 vol. avec 10 planches, *Lyon*, 1772, 10 l.

Journal du Siége de Berg-op-zoom, en 1747, rédigé par un Lieutenant-Ingénieur, Volontaire de l'armée des affiégeans, avec les plans de la Ville & du Fort, in-12, nouv. édit. 1770, *Amfterdam*, 3 l. 12 f.

Co.le Militaire, ou compilation des Ordonnances des Rois de France, concernant les Gens de Guerre, par M. Briquet, nouv. édit. in-12, 8 vol. 1761, 20 l.

Véritable maniere de fortifier de M. de Vauban, où l'on voit de quelle méthode on fe fert aujourd'hui en France pour la fortification des places, le tout mis en ordre par MM. l'Abbé Dufay & le Chevalier de Cambrai, nouv. édit. enrichie de 31 pl. 2vol. in-8. rel. en un, 1771, 6 l.

Elémens de Tactique pour la Cavalerie, par M. Mottin de la Balme, Capitaine de Cavalerie, & ancien Officier Major de la Gendarmerie de France, in-8. orné d'un frontifpice & de 5 pl. 1776, br. 3 l. & relié en veau, 4 l. 4 f.

Effai fur l'équitation, ou Principes raifonnés fur l'art de monter & de dreffer les chevaux, par le même Auteur, in-12. 1773, 3 l. 10 f.

Pratique de l'équitation, ou l'équitation réduite en principes, par M. Dupaty de Clam, Moufquetaire dans la premiere Compagnie, in-8. petit format, 1769, br. 1 liv. 10 f. & relié, 2 l. 5 f.

Effai fur la théorie de l'équitation, précédé du Traité de la Cavalerie de Xénophon, par le même Auteur, in-8. petit format 1771, br. 1 l. 10 f.

Le nouveau Newkaftle, ou nouveau traité de Cavalerie, in-12, petit format, 1771, 2 l.

Ecole de Cavalerie, &c. }
Parfait Maréchal, &c. } *Voyez* page 5.
Guide du Cavalier, &c. }

Dictionnaire raifonné d'Hippiatrique, Cavalerie, Manege & Maréchalerie par M. Lafoffe, 4 vol. in-8. 1776, 14 l. Et reliés en 2 vol. 12 l.

MATHÉMATIQUES, SCIENCES ET ARTS.

Les Comptes faits de Bareme, in-12, 1771, 2 l. 10 f.
— Les mêmes, in-24, 1768, 1 l. 10 f.

Manuel de l'Arpenteur, où l'on traite de l'Arithmétique, des Fractions décimales, des Proportions, la Planimétrie, la Trigonométrie, la Géodefie, le Jaugeage, &c. avec un fommaire alphabétique des termes les plus ufités dans l'Arpentage, & des tables de réduction, par M. *Ginet*, Arpenteur à la Maîtrife des Eaux & Forêts de l'Ifle de France, in-8. avec 21 planches, 1770, 6 l.

Elémens de Mathématiques, par M. l'Abbé de Levieleufe, Profeffeur au Collége Royal de Colmar, in-8. avec fig. 1773, 4 l.

Elémens & Traité de Géométrie, par M. de Puifieux, in-8. avec 45 pl. 1765, 6 l.

Traité des Equations invariables, par M. J. R. Mouraille, in4. avec 37 planches, 1770. 12 l.

B

Elémens du Caclcul intégral, pat les RR. PP. Jacquier & Le Sueur, *in-4.*
  2 vol. avec 8 planches , 1768. *Parme.* 36 l.

Leçons de calcul différentiel & de calcul intégral, par M. Cousin, de l'A-
  cadémie Royale des Sciences , & Professeur de Mathématiques au Collége Royal , in-8. fig. 1777 , *sous presse.*

Application de l'Algebre à la Géométrie , ou méthode de démontrer par
  l'Algebre les élémens de Géométrie , d'en résoudre & construire tous
  les problêmes , par M. Guinée , in-4. avec 9 pl. 1733 , 10 l.

Œuvres de M. Ozanam , *Voyez* pages 1 & 2.

Œuvres de M. l'Abbé Bossut. *Voyez* page 2.

Œuvres de M. d'Alembert. *Voyez* pages 2 & 3.

Œuvres de M. Clairaut. *Voyez* page 3.

Œuvres de T. Simpson. *Voyez* pag. 3 & 4.

Œuvres du R. P. Lamy. *Voyez* pag. 4.

Œuvres du R. P. Reyneau. *Voyez* page 4.

Œuvres de M. Clermont. *Voyez* Géométrie de l'Ingénieur , page 7.

Elémens ou premieres Instructions de la Jeunesse , par M. de Blegny ,
  in-8. avec 40 planches , nouvelle édition , 1751 , 6 l.

Institutions Newtoniennes , par M. Sigorgne , seconde édition , revue ,
  corrigée & augmentée , in-8. avec 7 pl. en taille-douce , 1769 , 7 l.

Institutions Leibnitiennes , ou Précis de la Monadologie , in-4. *Lyon* ,
  1767 , broché , 1 liv. 16 sols.

La Connoissance de l'Astronomie rendue aisée & mise à la portée de tout
  le monde , par M. l'Abbé Dicquemare , seconde édition , augmentée
  par l'Auteur , & enrichie de 26 pl. en taille-douce , 1771 , 5 l.

Leçons de Navigation mises à la portée des Pilotes , par M. Dulague.
  Professeur d'hydrographie , nouvelle édition augmentée, *Rouen* , in-8.
  avec 8 planches , 1775 , 5 liv.

Théorie complette de la construction & de la manœuvre des Vaisseaux ,
  mise à la portée de ceux qui s'appliquent à la navigation , par M. Euler , nouvelle édit. corrigée & augmentée , in-8. avec 6 pl. 1776 , 5 l.

Mémoire sur l'usage des Huiles , du Goudron , & de toute autre matiere
  qui surnage , pour diminuer les dangers sur mer ; avec des questions
  sur ce sujet , proposées par M. F. de Lelyveld : traduit du Hollandois ,
  in-8. 1775 , broché. 1 l. 10 s.

Relation d'un voyage dans la mer du Nord , aux côtes d'Islande , du
  Groenland , de Ferro , de Schettland , des Orcades & de Norwege ,
  fait en 1767 & 1768 par M. de Kerguelen Tremarec , Lieutenant des
  Vaisseaux du Roi , de l'Académie Royale de Marine , commandant
  les Fregates la Folle & l'Hirondelle , in-4. avec 17 cartes & estampes.
  1771. Broché 9 liv. & relié en veau propre avec trois filets , 12 l.

Traité d'Optique , où l'on donne la théorie de la lumiere dans le systême
  Newtonien , avec de nouvelles solutions des principaux Problêmes de
  Dioptrique & de Catoptrique , par M. le Marquis de Courtivron , in-4.
  pet. form. avec 7 pl. 1751 , br. 6 l. & rel. 7 l. 10 s.

Architecture pratique, par M. Bullet, nouv. édit. revue, corrigée avec soin, & considérablement augmentée, in-8. avec fig. 1774,　6 l.

Les Loix des Bâtimens, suivant la Coutume de Paris, nouvelle édition, considérablement augmentée, in-8. 1768,　6 l.

Traité d'Architecture, ou proportion des trois Ordres Grecs, sur un Module de 12 parties, avec un Traité de la coupe des pierres & des descriptions de plusieurs projets, de l'invention de M. Antoine, Architecte, Trèves, 1768, in-4. br. 6 l. & rel.　7 l. 16 f.

Mémoire sur l'application des principes de la Méchanique à la construction des voûtes & des dômes, dans lequel on examine le Problême proposé par M. Patte, relativement à la construction de la Coupole de l'Eglise de Sainte Genevieve, par M. Gauthey, in-4. gr. p. fig. 1771 br. 3 l.

Mémoires en réponse à celui de M. Patte, pour le même sujet.

Savoir, { Doutes raisonnables d'un Marguillier, Lettre du R. P. Radical, Lettre d'un Graveur en Architecture, } Trois parties, in-8. 1770, broc. 1 l. 4 f.

Vies des Architectes anciens & modernes qui se sont rendus célebres chez les différentes nations, traduites de l'Italien, & enrichies de notes historiques & critiques, par M. Pingeron, 2 vol. in-12, 1771,　6 l.

Vies des premiers Peintres du Roi, depuis M. le Brun jusqu'à présent, avec la description de leurs ouvrages, rédigées par M. Lepicier, 2 vol. in-8. pet. form. 1751, reliés en un,　3 l. 12 f.

Eloge historique d'Edme Bouchardon, Sculpteur du Roi, suivi de la liste de ses ouvrages, & de la description de la fontaine de la rue de Grenelle, in-12, 1762, broché.　1 l. 4 f.

Maniere de bien juger des Ouvrages de Peinture, par feu M. l'Abbé Laugier, mise au jour, & augmentée de plusieurs notes intéressantes, par M. ***, in-12, 1771,　2 l. 10 f.

Traité de Peinture, suivi d'un essaï sur la Sculpture, & d'un catalogue des Artistes les plus fameux de l'Ecole Françoise, par M. Dandré Bardon, 2 vol. in-12, 1765,　5 l.

Costume des anciens Peuples du Monde, par le même Auteur, divisé en 31 cahiers de 12 planches, avec l'explication des figures, in-4. grand papier, 1772——1776.　124 l.

Chaque Cahier se vend séparément,　6 l.

Mémoires de feu M. Deparcieux, pour amener la riviere de l'Yvette à Paris, nouvelle édition corrigée, & augmentée considérablement. On a joint le projet de M. Perronnet sur les moyens de conduire à Paris une partie de l'eau des rivieres de l'Yvette & de la Bievre, in-4. enrichi de Tables & d'une Carte du cours de ces rivieres, 1777, sous presse.

Expériences Physico - Méchaniques sur différens sujets, principalement sur la lumiere & l'électricité produites par le frottement des corps, traduites de l'Anglois de M. Hauksbée, 2 vol. in-12, avec fig. 1754, 6 l.

Observations physiques & morales sur l'instinct des Animaux, leurs mœurs, leurs usages, leur industrie, traduit de l'Allemand, avec des notes, par M. R. D. L. 2 vol. in-12, 1770, Amsterdam,　5 l.

B ij

Essai sur la construction & comparaison des Thermomètres, sur la communication de la chaleur, & sur les différens degrés de la chaleur des corps, traduit de l'Anglois, du Docteur Martine, auquel on a joint l'explication des premieres causes de l'action dans la matiere, & de la cause de la gravitation, in-12, 1751,   3 l.

Lettres sur l'électricité du R. P. Beccaria à M. l'Abbé Nollet, traduit de l'Italien par M. de Lor, in-12, 1754, broché,   1 l. 4 s.

Art de convertir le fer forgé en acier, & l'Art d'adoucir le fer fondu ou de faire des ouvrages de fer fondu aussi finis que de fer forgé, par M. de Reaumur, in-4. avec 17 planches, 1722,   12 l.

Grammaire des Sciences philosophiques, ou Analyse abrégée de la Philosophie moderne, appuyée sur les expériences, traduit de l'Anglois de Benjamin Martin, nouv. édit. augmentée, avec 22 pl. 1764. 6 liv.

Traité des Pétrifications, par M. Bourguet, nouvelle édition, avec 60 planches, in-8, 1777, *sous presse*.

Lettres philosophiques sur la formation des sels & cristaux, & sur la génération & le méchanisme organique des plantes & des animaux a l'occasion de la pierre belemnite & de la pierre lenticulaire, avec un Mémoire sur la théorie de la terre, par le même Auteur, seconde édition, in-8. petit format, avec figures, *Amsterdam*, 1762, 3 l. 12 s.

Observations d'Histoire naturelle faites avec le Microscope, sur un grand nombre d'insectes, &c. avec la description & les usages de différens microscopes, par M. Joblot, in-4. 2 vol. reliés en un seul, avec 53 planches, 1754.   18 liv.

Secrets concernant les Arts & Métiers, nouvelle édition totalement refondue, & augmentée considérablement, 4 vol. in-12, 1777, *sous presse*.

L I V R E S D' A S S O R T I M E N S.

Toisé général du Bâtiment, concernant la Maçonnerie, la Serrurerie, la Menuiserie, Marbrerie, Peinture, &c. suivant la Coutume de Paris, par M. Ginet, in-8. avec fig. 1761,   6 l.

Traité & tarif général du toisé des bois de charpente, calculé suivant la coutume de Paris, & suivant les longueurs effectives, par le même Auteur, in-8. avec fig. 1760.   6 l.

Traité de la mesure des bois, contenant le tarif de la réduction des bois équarris & ronds en pieds cubes, le tarif de la réduction du sciage du bois en pieds quarrés, auquel on a joint celui des proportions des pieces qui entrent dans la construction des vaisseaux, avec les figures desdites pieces, pour l'intelligence de ceux qui font ce commerce, par M. Segondat, Sous-Commissaire de la Marine à Rochefort, in-8. 1765, 6 l.

Nouveau Tarif pour la réduction du bois carré en pieces, appellé le grand-cent, quatrieme édition, in-12, 1775.   2 l.

L'Art du Trait de Charpente, par M. Nicolas Fourneau, Maitre Charpentier, à Rouen, *in-folio*, premiere partie, avec 19 grandes planches, 1767, broché,   9 liv.

Suite du même ouvrage. La seconde partie où l'on a joint des observations générales & particulieres sur la pratique du trait, ainsi qu'un Dictionnaire de tous les termes qui regardent cette science, *in-folio*, avec 19 grandes planches, 1768, broché,   9 liv.

Suite du même ouvrage. Troisieme partie, avec 27 pl. 1770, broc, 12 liv.

Essai Pratique de Géométrie & suite de l'Art du trait, par le même Auteur, *in-folio*, avec 45 grandes planches, 1772, broché,   18 liv.

Mémoires sur les objets les plus importans de l'Architecture, par M. Patte, in-4. grand papier, avec 26 planches, 1769,   15 liv.

Monumens érigés en France à la gloire de Louis XV, par le même Auteur, *in-folio*, grand papier, enrichi de 57 planches, 1765,   30 liv.

Dictionnaire d'Architecture civile, militaire & navale, antique, ancienne & moderne, & de tous les Arts & Métiers qui en dépendent. 3 vol. in-4. grand papier, avec 99 planches, 1770,   60 liv.

Essai sur l'Architecture, avec un Dictionnaire des termes & des planches qui en facilitent l'explication, par M. l'Abbé Laugier, nouv. édit. corrigée & augmentée, in-8. 1755,   6 l.

Observations sur l'Architecture, par le même Auteur, in-12, *Amsterdam*, 1765,   3 l.

L'Architecture des voûtes, ou l'Art des traits & coupes des voûtes, par le R. P. Derand, troisieme édition, in-fol. avec 82 pl. 1755,   24 l.

Architecture civile, de Guarino Guarini, enrichie de 80 planches en taille-douce, *en Italien*, in-folio. 1737.   30 l.

Caminologie, ou Traité des cheminées, contenant des observations sur les différentes causes qui font fumer les cheminées, & les moyens pour corriger ce défaut, in-8. pet. form. avec 12 pl. 1765, *Dijon*,   3 l.

Traité des Ponts anciens & modernes, de leur construction, tant en Maçonnerie qu'en Charpente, &c. quatrieme édition, augmentée d'un Précis des nouveaux Arrêts & Ordonnances, par M. Gautier, Architecte, Ingénieur & Inspecteur des Ponts & Chaussées, in-8. avec fig. 1765,   9 l.

Traité de la construction des Chemins, de leurs matieres & de leurs dispositions dans toutes sortes de lieux, par le même Auteur, troisieme édition, revue corrigée & augmentée, in-8. avec figures, 1755,   7 l.

Traité des Rivieres & des Torrens, par le R. P. Frizi, augmenté du Traité des Canaux navigables, traduit de l'Italien, in-4. *Imprimerie Royale*, avec 2 planches, 1774, broché, 5 liv. & relié,   7 l.

Curiosités de Paris, Versailles, Marly, Vincennes, Saint-Cloud & des environs, suivi du Voyage de France, nouvelle édition augmentée, 3 vol. in-12, ornés de beaucoup de figures, 1771,   9 liv.

Le Manuel des Champs, ou Recueil choisi, instructif & amusant de tout ce qui est le plus nécessaire & le plus usité pour vivre à la Campagne avec aisance & agrément, troisieme édition, in-12, 1769,   3 l.

Économie rustique, ou notions simples & faciles sur la Botanique, la Médecine, la Pharmacie, la Cuisine, l'Office, &c. Ouvrage nécessaire sur-tout aux personnes qui vivent à la Campagne, in-12, 1769,   3 l.

L'Agronome, Dictionnaire du Cultivateur, contenant toutes les connoiſſances néceſſaires pour gouverner les biens de campagne, & les faire
valoir utilement, ſeconde édit. augmentée, 2 vol. in-8. petit format.
1764. 9 l.

Ecole du Jardin potager, nouvelle édition, 2 vol. in-12, 1770. 6 l.

Le Jardinier Fleuriſte, ou la culture univerſelle des fleurs, arbres, ar-
buſtes, arbriſſeaux ſervant à l'embelliſſement des Jardins, nouvelle
édition, in-12, 1763. 3 l.

La nouvelle Maiſon Ruſtique, ou Economie générale de tous les biens
de la campagne, nouvelle édition, conſidérablement augmentée & enrichie de planches en taille-douce, 2 vol. in-4. 1768, 24 l.

Hiſtoire des Plantes de l'Europe & des plus uſitées, qui viennent d'A-
frique & d'Amérique, par Bauhin, 2 vol. in-12, 1766. 5 l.

Dictionnaire des Arts & des Sciences, par M. Corneille, 2 vol. in-fol.
1731. 30 l.

Secrets concernant les Arts & Métiers, nouv. édit. 2 vol. in-12, 1766,
Bruxelles, 6 l.

Art de la Verrerie, de Nery, Merret & Kunckel, traduit de l'Allemand
par M. D***, in-4. avec 15 planches, 1749. 15 l.

Elémens de Chirurgie-pratique, faiſant partie des Œuvres de M. Ferrein,
rédigés & mis en ordre ſur les propres manuſcrits de l'Auteur, par M.
Hugues Gauthier, Médecin du Roi, in-12. 1771. 3 l. 10 ſ.

Diſſertation ſur l'uſage des Cauſtiques pour la guériſon radicale & abſolue
des hernies ou deſcentes, de façon à n'avoir plus beſoin de bandages
pour le reſte de ſa vie, par le même Auteur, in-12. 1774, br. 1 l. 10 ſ.

L'Art de la Cavalerie, ou la maniere de devenir bon Ecuyer, par des
regles aiſées & propres à dreſſer les chevaux à tous les uſages, avec une
idée générale de leurs maladies, & des remarques curieuſes ſur les Haras, par M. Gaſpard de Saulnier, in-fol. enrichi de 27 pl. Amſt. 18 l.

Eſſai ſur les Haras, ſuivi d'un Traité ſur la connoiſſance du Cheval, des
fourberies des Maquignons, de la méchanique du mors, & du gouvernement d'une écurie, par M. Brézé, in-8. avec fig. 1769, Turin, 6 l.

Le parfait Bouvier ou inſtruction ſur les maladies & remedes pour les
Bœufs, Vaches, Moutons, Chevaux, &c. par M. Boutrolle, Rouen,
1766, in-12, br. 1 l. 16 ſ.

Méthode abrégée & facile pour apprendre la Géographie, avec un abrégé
de la ſphère, dédiée à Mademoiſelle Croſat, nouv. édit. revue, corrigée & augmentée, in-12, enrichie de cartes néceſſaires, 1770, 3 l.

Géographie moderne, précédée d'un petit Traité de la Sphere & du
Globe, & terminée par une Géographie ſacrée & eccléſiaſtique, par
M. Nicole de la Croix, nouvelle édition, 2 vol. in-12. 1773, 6 liv.

Nouvelle Méthode géographique, précédée d'un traité de la Sphere & des
Elémens de Géométrie, & terminée par une Géographie ſacrée, dédiée à Madame, par M. l'Abbé Compan, 2 vol. in-12, 1771, 6 l.

Aſtronomie des Marins, tant pour des Obſervatoires fixes, que pour un
Mobile, par le R. P. Pezenas, in-8. avec figures, 1766, Avignon, 6 l.

Histoire critique de la découverte des Longitudes, par le même Auteur, in-8. 1775, broché, 1 l. 16 f.

Abrégé d'Astronomie, par M. de Lalande, in-8. avec 16 planches, 1774. 6 l.

Manuel des Marins, ou Explication des termes de Marine, par M. Bourdé, 2 vol. in-8. reliés en un, 1773. 6 l.

Le Manœuvrier, ou Essai sur la théorie & la pratique des mouvemens du navire & des évolutions navalles, par le même Auteur, in-8. avec 8 planches, 1769. 6 l.

La Théorie de la manœuvre des vaisseaux, réduite en pratique, ou les Principes & les Regles pour naviguer le plus avantageusement qu'il est possible, par M. Pitot, in-4. avec 8 planches, 1731. 10 l.

Nouveau traité de navigation, contenant la Théorie & la Pratique du Pilotage, par M. Bouguer, revu & corrigé, par M. de la Caille, in-8. avec 13 planches, 1769. 8 l.

Traité de la manœuvre des vaisseaux, par M. Bouguer, in-4. avec 14 planches, 1757. 15 l.

Traité de la Fabrique des manœuvres pour les vaisseaux, ou l'Art de la Corderie perfectionné, par M. Duhamel, in-4. avec 16 pl. 1769. 16 l.

Histoire d'un Voyage aux Isles Malouines en 1763 & 1764, avec des Observations sur le détroit de Magellan & sur les Patagons, par Dom Pernetti, nouvelle édition, in-8. 2 vol. avec 15 planches, 1770. 12 l.

Histoire du Commerce & de la Navigation des Anciens, par M. Huet, in-8. 1768, Lyon, 5 l.

L'Arithmétique de Barême, ou Livre pour apprendre cette science de soi-même, & sans maître, in-12, 1764, 2 l. 10 f.

Traité des parties doubles, ou méthode aisée pour apprendre à tenir en partie double les Livres de Commerce & de Finances, par le même, in-8. grand papier, 6 l.

L'Arithmétique en sa perfection, par le Gendre, derniere édition, augmentée d'une nouvelle regle d'alliage, in-12, 1754. 2 l. 10 f.

L'Arithmétique raisonnée, par M. l'Abbé Morel, in-8. 1743, broché, 1 l. 10 f.

Calculs tout faits, depuis 1 denier jusqu'à 50000 deniers, avec le tarif par jour & par mois, pour les pensions, depuis 1 l. jusqu'à 100000 l. & des tarifs pour les intérêts, l'escompte, &c. par M. Mésange, in-12, 1757, 3 l.

La Science des Négocians, & Teneurs de Livres, ou instruction générale pour tout ce qui se pratique dans les comptoirs des Négocians, &c. par M. de la Porte, nouvelle édition, in-8. oblong, 1769, 5 l.

Le Guide des Négocians, & Teneurs de Livres, par le même Auteur, in-12, 2 l.

La Banque rendue facile, avec la maniere de tenir les livres en parties doubles, par M. Giraudeau, in-4. 1769, 12 l.

Cours de Mathématiques à l'usage du Collège de Metz, par Dom Casbois, contenant l'Arithmétique & la Géométrie, 2 vol. in-8, petit format, avec figures, 1773. 6 liv.

Précis de Mathématiques à la portée de tout le monde, par M. l'Abbé Saury, in-12. avec 3 planches, 1776, broché, 2 l. 8 f. & relié 3 l.

Géométrie Françoise, ou la Pratique aisée pour apprendre, sans Maître, l'Arithmétique, la Géométrie, &c. par M. de Beaulieu, in-8. avec fig. 1676. 3 l.

Nouveaux Elémens d'Algebre & de Géométrie, réduite à ses vrais principes, par M. Blaise, in-4. avec 27 planches, 1743. 6 liv.

Traité de l'Algebre, par M. de Croufas, de l'Académie Royale des Sci-nces ; in-8, avec figures, 1726. 6 liv.

Commentaires sur les infinimens-petits, par M. Crouzas, Professeur à Lauzanne, in-4, avec 4 planches, 1721. 6 liv.

Traités élémentaires de Mathématiques, dictés en l'Université de Paris, contenant l'Arithmétique & l'Algebre, par M. le Monnier, in-8. 1758, 5 l.

Essais Métaphisico-Mathématiques sur la solution de quelques problémes importans qui sont encore à résoudre, par M. de Freval, in-8. avec 3 planches, Amsterdam, 1764, brochés, 1 l. 16 f.

Nouveaux élémens de Géométrie, par M. Arnaud, seconde édition, corrigée, in-4, avec fig. 9 l.

Elémens de Géométrie, par Malezieu, in-4. 1722, 9 l.

— Les mêmes, in-8. 1722, 4 l. 10 f.

Elémens d'Algebre, par M. Ozanam, in-8. 2 vol. 1702, 9 l.

Elémens d'Algebre, par M. Euler, traduits de l'Allemand, in-8. 2 vol. 1774, 12 l.

Des communes mesures & racines communes, des quantités littérales, Ouvrage pour perfectionner l'Alg. par Tanneguy le Fevre, in-8. 5 l.

Elémens des Sections coniques, démontrées par synthese, par M. M***, in-8. avec 16 planches, 1757. 6 l.

Traité des Triangles rectangles, par M. Frenicle, in-12. 1676. 2 l.

Analyse des infinimens petits, pour l'intelligence des lignes courbes, par M. le Marquis de l'Hôpital, nouv. édit. augmentée, avec fig. in-8. 1766, Avignon, 6 l.

Amusemens Mathématiques, précédés des élémens d'Arithmétique, d'Algebre & de Géométrie, nécessaires pour l'intelligence des Problêmes, in-12, avec 8 pl. 1749. 3 l.

Mémoires sur différens sujets de Mathématiques, par M. Diderot, in 8. avec 7 planches ; 1748. 4 l. 10 f.

Entretiens, ou Leçons mathématiques sur la maniere d'étudier cette Science, & sur ses principales utilités ; avec les Elémens d'Arithmétique & d'Algebre, par Benjamin Panchaud, 2 vol. in-12. 1743. Lauzanne. 6 l.

Elémens généraux des principales parties des Mathématiques, par M. l'Abbé Deidier, 2 vol. in-4. avec 62 planches 1745. 24 l.

Elémens

Elémens de Mathématiques, par M. de Varignon, in-4. avec 22 planches, 1734.   10 l.

Elémens de Mathématiques, de M. Rivard, sixieme édition, in-4. 1768, avec 13 planches.   10 l.

Abrégé des mêmes, in-8. avec 11 planches, 1767.   3 l. 10 f.

Nouveaux Elémens de Mathématiques, ou principes généraux de toutes les sciences qui ont les grandeurs pour objet, par Prestet, 2 vol. in-4. avec fig. 1689.   18 l.

Dictionnaire de Mathématiques, ou Idée générale des Mathématiques, par M. Ozanam, in-4. 1691.   15 l.

Usage de l'analyse de Descartes, par M. Gua de Malves, 1740, in-12, 3 l.

Tables de Logarithmes, de M. Gardiner, nouvelle édition, augmentée, in-4. grand pap. 1770.   36 l.

Leibnitii ac Bernoullii Commercium Epistolicum Philosophicum & Mathematicum, in-4. 2 vol. Lausannæ, 1745,   30 liv.

Christiani Wolfii, Compendium elementorum Matheseos universæ, in-8, 2 vol. Lausannæ, 1758,   9 l.

s'Gravesande, Physices elementa Mathematica, in-4. 2 vol. Leidæ, 1741.

Euleri Introductio in analysin infinitorum, in 4. 2 vol. Lausannæ, 1748.

Euleri Calculi differentialis Institutiones, in-4. 2 vol. Petropoli 1755.

Euleri Calculi Integralis Institutiones, in-4. 3 vol. Petropoli, 1769.

Euleri scientia Navalis, in-4. 2 vol. Petropoli, 1749.

Euleri Mechanica, in-4. 2 vol. Petropoli, 1736.

Euleri Methodus inveniendi lineas curvas, in-4. Lausannæ, 1744.

Euleri, la Caillii & Mayeri Tabulæ Lunares & Solares, in-8, grand papier, Petropoli, 1772,

Zahn oculus artificialis Teledioptricus, in-folio, Norimbergæ, 1702.

Œuvres de M. de Maupertuis, nouvelle édition, in-8. 4 vol. 1768, 20 l.

Mélanges de Philosophie & de Mathématique, de la Société Royale de Turin, 4 vol. in-4. pet. form. br.   39 l.

Le tome 5, doit paroître sous peu.

L'Œil : Nouveau système du Monde, par M. Rabiqueau, in-8, broché. 1768.   1 l. 4 f.

Entretiens sur la pluralité des Mondes, par M. de Fontenelle, nouvelle Edition, in-12, 1769.   3 l.

Nouvelle Théorie des mouvemens de la terre & de la lune, d'après laquelle est déterminée la cause physique du flux & reflux de la mer, par M. Grante d'Yverk, in-8. br.   1 l. 4 f.

Dictionnaire portatif de Physique, par le P. Paulian, in-8. 2 vol. pet. form. 1767,   9 l.

Origine ancienne de la Physique nouvelle, par le R. P. Regnault, 3 vol. in-12,   7 l. 10 f.

Histoire d'une jeune Angloise, précédée de quelques circonstances concernant l'enfant Hydroscope, & de beaucoup d'autres traits & phénomènes les plus singuliers dans ce genre, in-12, 1773, br.   1 l. 4 f.

Expériences phyfiques, par Polinieres, 2 vol. in-12, avec 19 planches, 1741,   6 l.

Nouvelle Phyfique célefte & terreftre, à la portée de tout le monde, par M. de la Perrière, 3 vol. in-12. avec fig. 1772,   9 l.

Cours de Phyfique Expérimentale & Mathématique, par Muffenbroek, traduit par M. Sigaud de la Fond, 3 vol. in-4. avec 64 pl. 1769, 36 l.

Leçons de Phyfique expérimentale, par M. Nollet, huitieme édition, 6 vol. in-12, avec 115 planches, 1775.   21 l.

L'Art des Expériences, ou Avis aux Amateurs de la Phyfique fur le choix, la conftruction & l'ufage des inftrumens ; fur la préparation & l'émploi des drogues qui fervent aux Expériences, par le même Auteur, feconde édition 3 vol. in-12. avec 55 pl. 1770.   10 l. 10 f.

Lettres fur l'Electricité, par le même Auteur, 3 vol. in-12, avec 16 pl. 1753·1770.   9 l.

Recherches fur les caufes particulieres des phénomenes électiques, & fur les effets nuifibles ou avantageux qu'on peut en attendre, par le même Auteur ; nouvelle édition, in-12. avec 8 pl. 1754.   3 l. 10 f.

Effai fur l'Electricité des corps, par le même Auteur, cinquieme édition, in-12, avec 4 planches, 1771.   3 l.

Elémens de Phyfique démontrés mathématiquement, & confirmés par des expériences, traduits du latin de s'Gravefande, 2 vol. in-4. avec 127 planches, 1746.   54 l.

Œuvres de Phyfique & Mathématique, de M. Mariotte, 2 vol. in-4. avec 25 planches, 1717.   24 l.

Œuvres de Phyfique & de Méchanique, de MM. Perrault, in-4. 2 vol. avec beaucoup de figures, 1721.   30 l.

Principes de Méchanique, Optique & Aftronomie, par M. Trabaud, in-8. 4 vol. 1753,   18 l.

La Gnomonique-pratique, ou l'art de tracer les Cadrans folaires avec la plus grande précifion, par Dom Bedos, nouvelle édition, augmentée confidérablement & enrichie de 39 planches, in-8. 1774,   9 liv.

La Gnomonique utile, à la portée de tout le monde, ou Méthode fimple & aifée pour tracer des Cadrans folaires, par B. J. Garnier, in-8. avec 5 planches, 1773.   5 l.

La Gnomonique ; ou l'Art de faire des Cadrans folaires, par M. Rivard, troifieme édition, in-8. avec 12 planches, 1767.   4 l. 10 f.

Elémens de la Philofophie Newtonienne, par M. Pemberton, traduits de l'Anglois, *Amfterdam*, in-8. avec fig. 1755.   7 l. 10 f.

Syftême du Philofophe Chrétien, par M. de Gamaches, feconde édition, in-12, 1751.   1 l. 4 f.

Principes Mathématiques de la Philofophie naturelle, par feue Madame la Marquife du Châtelet, 2 vol. in-4, avec 14 planches, 1756.   30 liv.

Hiftoire critique de la Philofophie, par M. Deflandes, 3 vol. in-12, 1756, *Amfterdam*.   7 liv. 10 f.

Essai Philosophique sur l'entendement humain, par M. Locke, 4 vol. in-12, nouvelle édition, 1775, *Amsterdam.*　　10 liv.

Nouveaux Essais sur l'Entendement humain, par M. de Leibnitz, in-4. 1765;　　12 l.

Le Droit des Gens, ou Principes de la Loi naturelle appliqués à la conduite & aux affaires des Nations & des Souverains, par M. de Vattel, nouvelle édition, in-4. 2 vol. reliés en un, 1775.　　12 l.

Traité d'Optique, par M. Smith, nouvellement traduit de l'Anglois, & considérablement augmenté, par M. Leroy, in-4. avec 67 pl. en taille-douce, *Brest,* 1767,　　18 l.

—— Le même Ouvrage traduit par le P. Pezenas, 2 vol. in-4. avec 73 Pl. 1767,　　30 l.

Raisonnement sur la Perspective, pour en faciliter l'usage aux Artistes, en Italien & François, par M. Petitot, in-fol. *Parme,* 1757, br. en carton,　　4 l. 4 f.

Nouveaux principes de la Perspective linéaire de Taylor & Murdoch, avec un Essai sur le mélange des couleurs par Newton, avec 6 planches, 1759.　　6 l.

Recherches sur la Théorie de la Musique, par M. Jamard, in-8. avec fig. 1769, broché.　　4 l. 4 f.

Traité historique & moral du Blason, par M. Dupuy Demportes, 2 vol. in-12, 1754,　　6 l.

Nouvelle méthode raisonnée du Blason ou de l'Art héraldique du Père Menestrier mise dans un meilleur ordre & enrichie de 50 planches, 1770.　　6 l.

Ecole de Miniature, nouv. édit. in-12, 1769,　　2 l. 5 f.

Histoire abrégée des plus fameux Peintres, Sculpteurs & Architectes Espagnols, in-12, 1749,　　2 l. 10 f.

Principes généraux & raisonnés de la Grammaire Françoise, avec des observations sur l'Orthographe, les Accens, la Ponctuation, & la Prononciation, & un abrégé des Regles de la Versification Françoise, par M. Restaut, dixieme édition, in-12, 1774,　　3 l.

Abrégé du même Ouvrage, in-12, 1768.　　1 liv. 4 f.

Traité de l'Orthographe Françoise, en forme de Dictionnaire, par le même Auteur, nouvelle édition, in-8. 1775.　　7 l. 10 f.

Dictionnaire portatif de la Langue françoise, par Richelet, nouv. édition corrigée par M. de Wailly, in-8. 2 vol. petit format, 1775.　　10 l.

La Rhétorique, ou l'Art de parler, du même Auteur, in-12. 1757.　　3 l.

Entretiens sur les Sciences, du P. Lamy, in-12. *Lyon.* 1768.　　3 l.

Modeles de Lettres sur différens sujets, nouv. édit. in 12. 1771.　　2 l. 10.

Nouvelle Grammaire Espagnole & Françoise, par Sobrino, in-12. 1772.　　2 l. 10 f.

Dictionnaire Royal François - Anglois, & Anglois - François, par Boyer, nouv. édit. 2 vol. in-4. 1768,　　36.

—— Le même en abrégé, 2 vol. in-8. 1763,　　12.

Définitions des Regles grammaticales de la Langue Italienne, par M.
Deodati, *Turin*, 1772, br.   1 l. 16 f.
Abrégé de la Crusca, ou Dictionnaire portatif de la Langue Italienne,
par le P. Fabretti, in-8, 1759.   5 liv
Nouveau Dictionnaire Italien & François, par M. l'Abbé Alberti, 2 vol.
in-4, 1772,   36 l.
Dictionnaire Italien, François & Latin, par M. l'Abbé Antonini, nouv.
éd t. corrigée, in-4. 2 vol. 1770.   30 l.
Dictionnaire Italien & François, par Veneroni, nouv. édit. augmentée,
2 vol. in-4. 1769.   18 l.
Le Maître Italien, dans la derniere perfection, où l'on trouve tout ce
qui est le plus nécessaire pour apprendre facilement, & en peu de tems,
la Langue Italienne, par le même Auteur, nouvelle édition, 1770,
in-12,   2 l. 10 f.
Abrégé de la Langue Toscane, ou nouvelle Méthode pour apprendre
l'Italien, par M. Palomba, in-8. 2 vol. 1768,   10 l.
Choix de Poésies Italiennes traduites en François, par le même Auteur.
in-8. 1773.   6 l.
Le Secrétaire de Banque, Espagnol & François, du même Auteur, in-8.
1768,   7 l.
Commentaires sur la retraite des Dix-mille, de Xenophon, ou nouveau
Traité de la Guerre, à l'usage des jeunes Officiers, par M. le Cointe,
2 vol. in-12, 1766,   6 l.
Science de la Guerre, ou connoissances nécessaires pour tous ceux qui
entreprennent la profession des armes, in-8. fig. *Turin*, 1744, 6 l.
Observations historiques & critiques sur les Commentaires de Folard,
& sur la Cavalerie, par M. le Comte de Brezé, in-8. 2 vol. avec fig.
Turin, 1772,   12 l.
Mémoires pour servir à l'histoire de la Maison de Brandebourg, in-12,
3 parties reliées en un vol. avec cartes & tables, 1767,   3 l.
Histoire du Vicomte de Turenne, par M. l'Abbé Raguenet, in-12,
2 vol. reliés en un, 1769,   3 l.
Nouvelles constitutions Militaires, avec une Tactique adaptée à leurs
principes, enrichies de 20 planches, 2 parties, in-8. grand papier,
reliées en un vol. 1760,   6 l.
Essai général de Tactique, 2 vol. in-4, reliés en un, avec 27 planches,
1772.   18 l.
Remarques sur quelques articles de l'Essai général de Tactique, suivies
des considérations sur la guerre présente entre les Russes & les Turcs,
in-8, avec trois planches, *Turin*. 1773.   6 liv.
Correspondance sur l'Art de la Guerre, entre un Colonel de Dragons &
vn Capitaine d'Infanterie, avec la suite, 3 part. in-8. br. 1774. 3 l.
Amusemens Militaires, servant d'Introduction aux Sciences qui forment
les Guerriers, par M. Dupain, in-8, orné de 6 planches, 1757. 6 liv.

Cahiers de Mathématiques, à l'usage de Messieurs les Officiers de l'Ecole Royale d'Artillerie de Strasbourg, in-4, p. f. avec 100 pl. 1737. 30 l.

Architecture militaire, ou l'Art de fortifier. On y a joint un Traité de l'Art de la Guerre, 2 vol. in-4, grand papier avec 40 planches. 30 liv.

Essai sur la fortification, in-8. avec 8 planches. La Haye, 1755. 5 l.

Attaque & Défense des Places, suivie du Traité des Mines, & de la Guerre en général, par M. de Vauban, in-4. gr. pap. 2 vol. avec 44 pl. La Haye 1742. 30 l.

Elémens de fortification, de l'Attaque & de la Défense des Places, &c. par M. Trincano, avec 33 planches, 1768. 7 l.

Edition portative des Rêveries, ou Mémoires sur l'Art de la Guerre, par M. de Saxe, dirigée par M. de Viols, in-12. 1757. 3 l.

Histoire de la derniere Guerre entre la Russie & la Turquie, & particuliérement de la Campagne de 1769, in-4. avec 9 cartes, 1773, br. 2 1 l.

Détails militaires, par M. de Chenevieres, tome 5 & 6, pour servir de supplément aux quatre premiers volumes de cet ouvrage qui ont paru en 1750, 2 vol. in-12. 1768. broché. 6 l.

Réflexions militaires & politiques, traduites de l'Espagnol, de M. le Marquis de Santa Cruz de Marzenado, par M. de Vergy, 12 vol. in-8. pet. form. La Haye, 1739, 36 l.

Les Ruses de Guerre de Polien, & les Stratagêmes de Frontin, avec un Traité abrégé de la bataille des Romains, 3 vol. in-12. petit format, 1770. 7 liv. 10 s.

Institutions Militaires pour la France, ou le Vegece François, par M. Andreu de Bilistein, 2 Parties in-8 reliées en un volumes, Amsterdam, 1762. 4 liv. 10 s.

Mémoires du Maréchal de Berwick, 2 vol. in-12. 1758, 5 l.

Journal des opérations de l'armée de Soubise pendant la campagne de 1758, par un Officier de l'armée, in-12, avec figures, br. 1 l. 16 s.

Esprit des Loix de la Tactique, & de différentes institutions Militaires, par le Maréchal de Saxe, avec 36 planches, in-4. 2 vol. reliés en un. La Haye, 1762, 18 l.

Mémoires Militaires sur les Grecs & les Romains, pour servir de suite & d'éclaircissement à l'histoire de Polybe, &c. par Guischardt, in-8. 2 vol. 1760; 12 l.

— Les mêmes, 2 vol. in-4. reliés en un. La Haye, 1758, 18 l.

Nouveaux Mémoires critiques & historiques sur plusieurs points d'Antiquités militaires, par le même Auteur, 4 vol. in-8. avec beaucoup de figures, 1774. 1 l

La petite Guerre, ou Traité du service des Troupes Légeres en Campagne, par M. de Grandmaison, 2 part. in-12 rel. en 1 vol. 1756; 3 l.

L'art des armes, ou la maniere la plus certaine de se servir utilement de l'épée, suivant les meilleurs principes de théorie & de pratique adoptés actuellement en France, par M. Danet, 2 vol. in-8. avec 45 planches. 1766, 12 l

L'Ingénieur moderne, ou Essai de fortification, par M. le Baron F. O. R.
in-8. avec 8 Planches. *La Haye*, 1744.   5 liv.
Code Militaire, ou compilation des Réglemens & Ordonnances de Louis
XIV, pour les Gens de Guerre, par le Chevalier de Sparre, in-12, 3 l.
Recueil des Ordonnances du Roi, pour le service de l'Artillerie, 1750,
in-12,   3 l.
Collection des nouvelles Ordonnances du Roi, concernant l'Infanterie,
la Cavalerie, les Dragons, l'Artillerie, &c. in-12.
Voyage de Cyrus, histoire morale, suivie d'un discours sur la Mythologie
& la Théologie ancienne, par M. de Ramsay, in-12. *La Haye*, 1768, 3 l.
Les Caracteres de Théophraste & de la Bruyere, avec des notes, par
M. Coste, nouvelle édition, 2 vol. grand in-12. 1769,   6 liv.
—Les mêmes, 2 vol. in-12. petit format, 1769,   5 liv.
Dictionnaire des passions, des vertus & des vices, 2 vol. in-8. petit for-
mat, 1769.   9 l.
L'Ombre de Poinsinet, in-8 ; 1770 broché.   1 l. 4 s.
Œuvres de Boileau Despréaux, par M. de Saint-Mard, nouvelle édition
ornée de figures de B. Picard, 5 vol. in-8. 1772.   36 l.
      Les mêmes, 5 vol. in-12. avec figures.   18 l.
      Les mêmes, 3 vol. in-12. petit format, 1768.   6 l.
      Les mêmes, 2 vol. in-12, petit format, 1770.   4 l.
      Les mêmes, in-12. petit format, 1757.   2 l.
Histoire des Révolutions arrivées dans le Gouvernement de la République
Romaine, par M. de Vertot, sixieme édit. 3 vol. in-12. 1767.   7 l. 10.
Histoire des Révolutions de Suede, par le même Auteur, nouvelle édi-
tion, 2 vol. in-12. 1768.   5 l.
Révolutions de Portugal, du même Auteur, in-12. 1768.   2 l. 10 s.
Abrégé chronologique de l'Histoire de France, par M. le Président He-
nault, 3 vol. in-8. petit format 1768.   15 l.

Supplément.

Essai sur la qualité des Monnoies étrangeres, & sur leurs diff
rapports avec les Monnoies de France, suivi de Tables qui indiç
la valeur intrinseque des Monnoies étrangeres courantes & ancie
contenues dans le Médaillier monétaire du Roi, & essayées à P
par M. Macé de Richebourg, in-fol. grand papier broché, Ir
merie Royale, 1764,

Commentaires sur la Géométrie de Descartes; par le R. P. Rab
in-4°. avec 23 Planches en taille-douce, 1730,

Voyages métallurgiques, ou Recherches & Observations sur les n
& forges de fer, la fabrication de l'acier, celle du fer-blanc
plusieurs mines de charbon de terre, faites depuis l'année
jusques & compris 1769, en Allemagne, Suede, Norwege, A
terre & Ecosse, suivies d'un Mémoire sur la circulation de l'air
les mines, & d'une Notice de la Jurisprudence des mines de c
bon dans le pays de Liege, la province de Limbourg & le Com
Namur; par M. Jars, in-4°. avec 10 grandes Planches, 1775,

Instructions sur l'usage de la houille, plus connue sous le nom impr
de charbon de terre pour faire du feu; sur la maniere de l'ad
à toutes sortes de feux; & sur les avantages, tant publics que pri
qui résulteront de cet usage, publiées par ordre des Etats d
province de Languedoc; par M. Venel D. M. in-8°. avec 10 F
ches, 1775,

Mes Rêveries, Ouvrage posthume de M. de Saxe, enrichi de prè
100 Figures en taille-douce, augmenté d'une Histoire abrégée
vie, & de différentes Pieces qui y ont rapport; par M. l'Abbé Pe
2 vol. in-4°. grand papier, avec les Figures enluminées, 1757,
— Le même Ouvrage, avec les Figures non enluminées,

Atlas Géographique & Militaire de la France divisé en deux par
contenant les plans, armoiries & descriptions des principales P.
de guerre & Villes maritimes des frontieres du Royaume, pi
sieur Julien, en 47 feuilles, 1751,

Instruction élémentaire & raisonnée sur la construction pratiqu
Vaisseaux, en forme de Dictionnaire; par M. de Duranti de L
court, in-8°. 1771,

Sacre & couronnement de Louis XVI, Roi de France & de Nav
à Reims, le 11 Juin 1775, précédé de recherches sur le Sacre
Rois de France, depuis Clovis jusqu'à Louis XV, & suivi
Journal historique de ce qui s'est passé à cette auguste cérém
enrichi d'un très-grand nombre de Figures en taille-douce gr
par le sieur Patas, avec leurs explications, in-4°. 1775, broch
carton,
— Le même Ouvrage, in-8°. grand papier, broché en carton,

9 782016 110966